Wer wir sind

Stephan Roedel spielt seit 40 Jahren Golf. Er wurde bei der PGTAA (Professional Golf Teachers Association of America) mit Sitz in Kalifornien zum Golflehrer ausgebildet. Zudem ist er AAA Golf Mentaltrainer, Kaufmann und Familienvater.

Ignatz Schels ist Informatiker und hat als Fachbuchautor schon viele Bestseller für Markt+Technik geschrieben, u. a. »Golfregeln verständlich erklärt«.
Golf spielt er seit mehr als 30 Jahren.

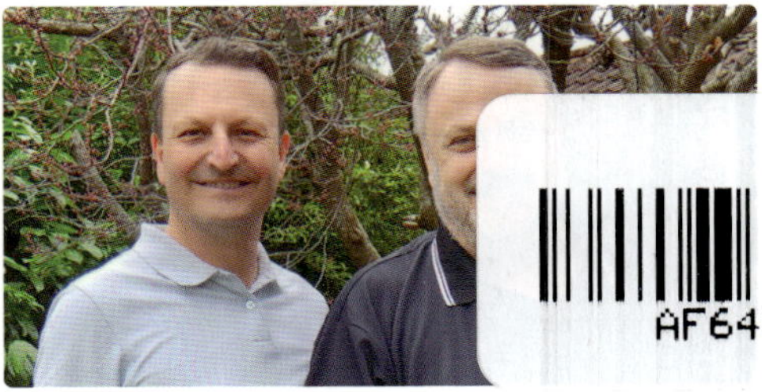

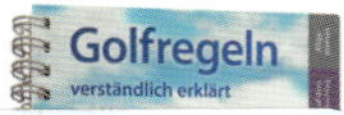

Aus Platzgründen

- sprechen wir dich immer als »Spieler« an, gemeint sind natürlich Golfer und Golferinnen jeden Geschlechts.
- sind alle Erklärungen für Rechtshänder. Linkshänder müssen natürlich umdenken.

Wenn du dieses Symbol siehst, haben wir einen besonderen Tipp für die Golferin. Wir meinen nämlich, dass das »zarte Geschlecht«, das eine andere Physiognomie mitbringt, in der Golffachpresse und in Golfvideos viel zu kurz kommt.

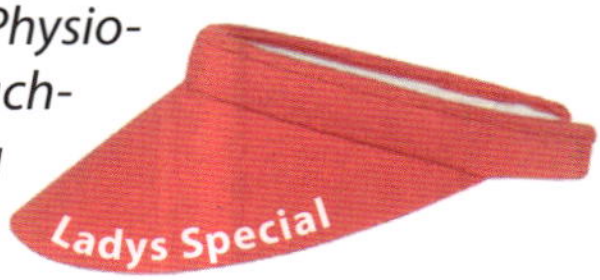

Golf Basics

Von jedem Spieler dieses eleganten Sports wird erwartet, dass er nach dem **Spirit of the Game** spielt. Diese Regeln haben (meist) nichts mit den offiziellen Golfregeln zu tun, und du wirst auch nicht bestraft, wenn du sie verletzt. Aber du wirst mehr Freude am Golf haben, wenn du dich daran hältst. Denn Golf ist nicht nur ein Sport.

Beim Golf geht es nicht um Leben oder Tod – Golf ist viel mehr. *(Weisheit aus Schottland)*

- **Aufrichtigkeit** | Mach dich mit den Golfregeln vertraut. Befolge sie und spiele eine Runde, die gezählt wird, immer unter Anwendung der offiziellen Golfregeln. Akzeptiere Strafen, zähle ehrlich und mogle nicht. Du betrügst nur dich selbst und beleidigst deine Mitspieler.
- **Rücksicht nehmen** | Nimm Rücksicht auf alle Spieler auf dem Golfplatz und auf die Platzarbeiter. Spiele zügig und störe weder das Spiel noch die Konzentration deiner Mitspieler.
- **Sicherheit geht vor** | Achte zu jeder Zeit auf die Sicherheit und Unversehrtheit aller Mitspieler und aller Personen auf dem Golfplatz.
- **Den Golfplatz schonen** | Lege ausgeschlagene Rasenstücke (Divots) zurück. Beseitige deine Spuren im Bunker mit dem Rechen. Bessere Pitchmarken auf dem Grün aus (nicht nur deine!). Halte den Golfplatz sauber und vermeide alles, was den Platz und die Natur rund um den Golfplatz beschädigen könnte.

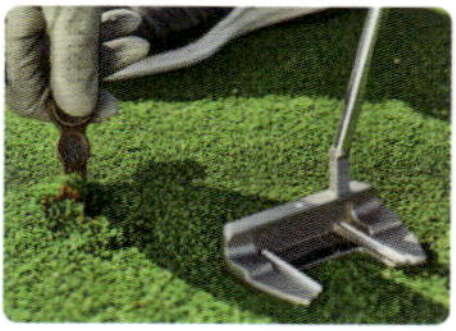

Spirit of the Game

- **Die Etikette beachten |** Kleide dich nach Vorschrift, sei freundlich und respektvoll im Auftreten und im Umgang mit Mitspielern und Platzarbeitern. Verhalte dich immer anständig und gemäßigt.

Es gibt keine Strafe, wenn ein Spieler nicht nach dem Spirit of the Game handelt, aber die Spielleitung hat das Recht, ihn zu disqualifizieren. (Offizielle Golfregeln, Abschnitt 1.2a)

Die R&A (Royal & Ancient) ist die Dachorganisation für alle Golfsportverbände und Herausgeber der offiziellen Golfregeln.

Der Deutsche Golf Verband (DGV) vertritt die Golfclubs und Golfanlagen in Deutschland und ist für die Golfregeln in Deutschland zuständig.

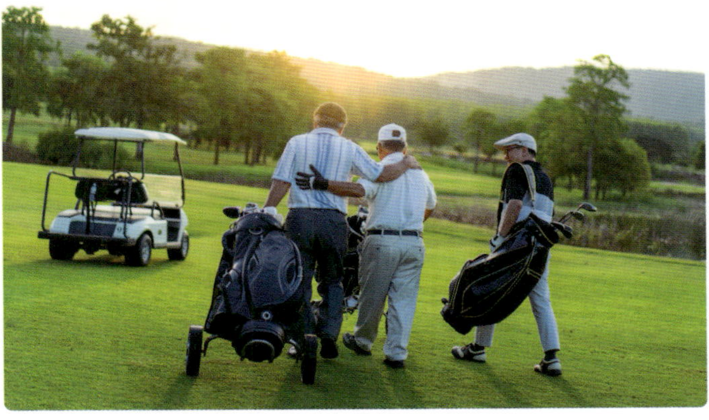

Die **Kleiderordnung** bestimmt der Golfclub: Hemd mit Kragen für die Herren, keine schulterfreien Tops oder Muskelshirts, Röcke und Shorts bis zu den Knien, keine Jeans.

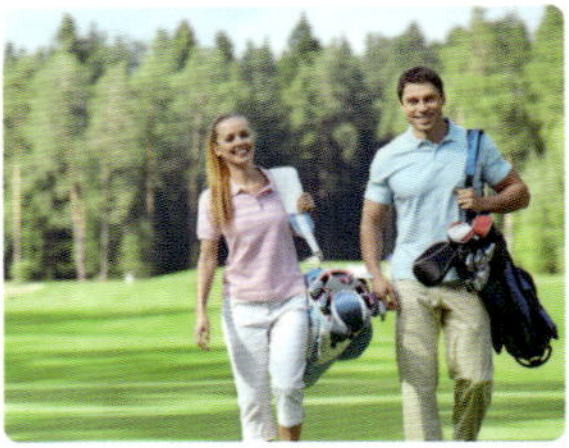

Wenn sich ein Spieler auf einen Schlag **vorbereitet**, verhalten wir uns als Mitspieler absolut ruhig. Wir positionieren uns außerhalb des Blickfeldes (nicht dahinter!) und natürlich in sicherem Abstand.

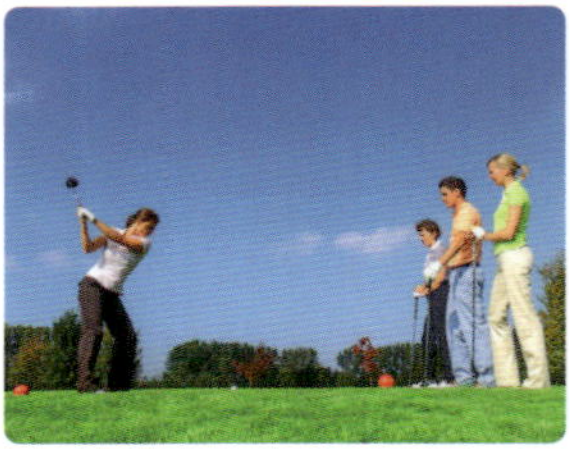

Ist die vorausspielende Gruppe so weit **entfernt**, dass ein Ball sie theoretisch erreichen kann, darf auf keinen Fall gespielt werden. Warten wir beim Anspielen des Grüns, bis alle Mitspieler das Grün in großem Abstand verlassen haben.

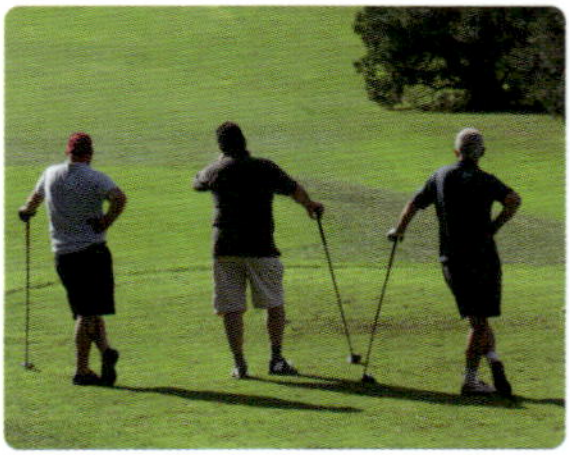

Herausgeschlagene **Rasenstücke** (Divots) bitte sofort zurücklegen. Das gilt aber nicht für den Abschlag, hier könnte das Divot die Stabilität des Balls auf dem Tee gefährden!

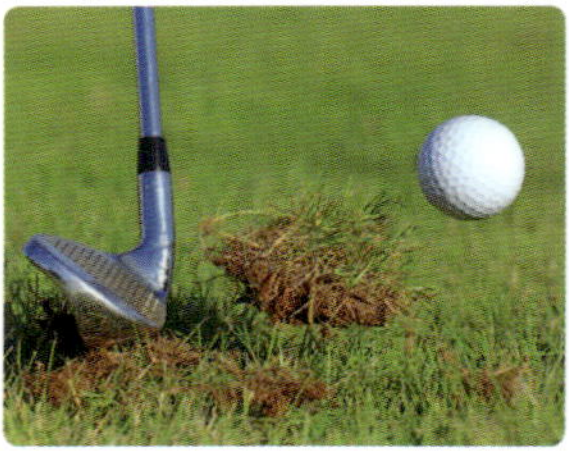

Die Etikette

Fuß- und Ballspuren im **Bunker** beseitigen wir mit dem Rechen und nicht aus Bequemlichkeit mit dem Schläger oder der Fußsohle.

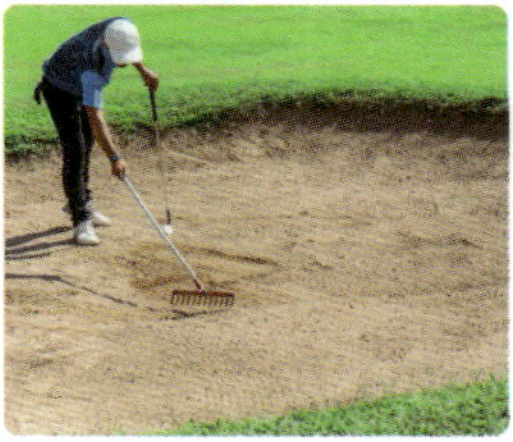

Auf dem **Grün** stützt man sich nicht auf dem Putter auf, und dieser wird auch nicht dazu genutzt, den Ball aus dem Loch zu holen.

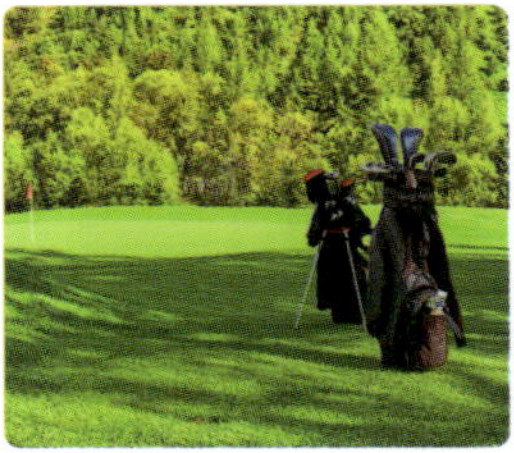

Die **Golftasche** steht auf dem Grün in Richtung zum nächsten Abschlag. Der **Score** wird auf dem Abschlag notiert, nicht auf dem Weg dorthin oder auf dem Grün.

Beim **Putten** auf die Puttlinie achten, nicht auf die gedachte Linie zwischen Ball und Loch treten, auch nicht auf die verlängerte Linie hinter dem Loch.

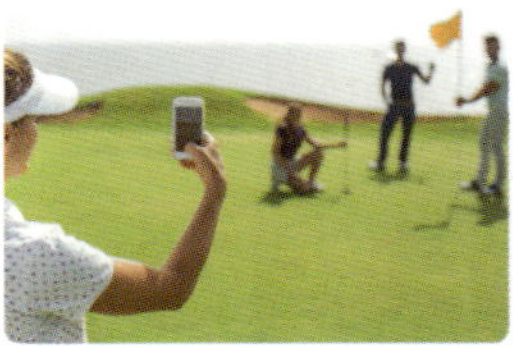

Mobiltelefone werden auf dem Golfplatz nur zum Notieren des Scores oder für schöne Fotos benutzt. Klingeln ist ein No-Go.

Ein schottischer Golfer zu einem Mitspieler, dessen Kleidung deutlich von den Etikette-Vorschriften abwich: »Are you sure, you play Golf?«

Das Golfbag ist der Werkzeugkasten des Golfspielers. Bis zu 14 Schläger sind nach den offiziellen Golfregeln erlaubt. Wir geben dir keine Kaufempfehlungen, kauf dir, was dir gefällt und was zu deinem Spiel passt.

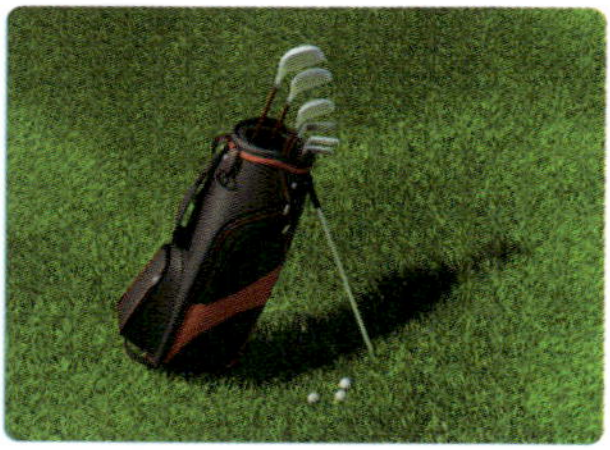

Tragebag: Kleinere Golftasche mit Tragegurt. Für sportliche Golfer, erspart das Trolley-Ziehen. Nachteil: zu wenig Platz für Equipment.

Standbag: Tragetasche mit ausklappbaren Standbeinen. Vorteil: Die Tasche muss nicht im Gras abgelegt werden.

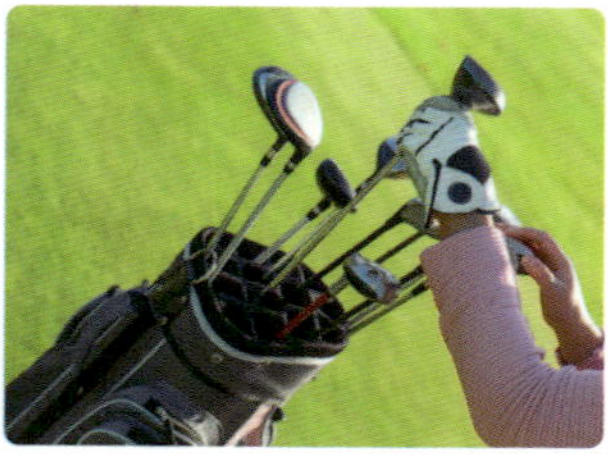

Cartbag: Für den Einsatz im Trolley oder Golfcart mit genug Platz für alles, am besten mit Organisator für die Golfschläger.

Tourbag: Große Golftasche mit viel Stauraum, aber sehr schwer. Tragen die Caddies der Golf-Profis.

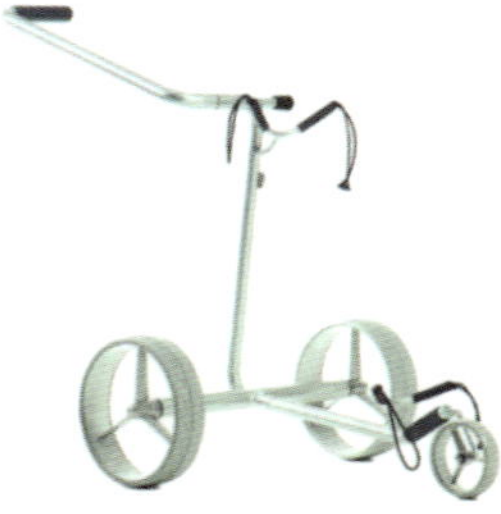

Tragen oder Ziehen? Beides belastet den Körper. Kauf dir einen Push-Trolley mit guten Kugellagern oder einen Elektro-Trolley.

Im Golfbag

Das gehört alles noch in ein Golfbag:

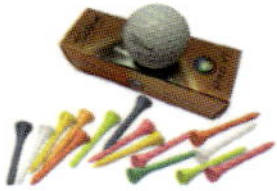

Tees und **Bälle:** kann man nicht zu viel haben.

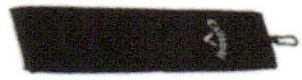

Schlägertuch und **Schlägerbürste**: zum Reinigen der Schläger und des Balls.

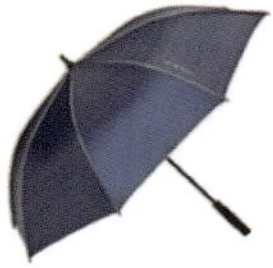

Eine **Regenhaube** schützt dein wertvolles Equipment, der **Regenschirm** schützt dich. **Halterung** am Golf-Trolley dafür nicht vergessen, damit du ihn nicht ins Gras legen musst. Nützlich: **Regenkleidung**, wasserfest und bequem.

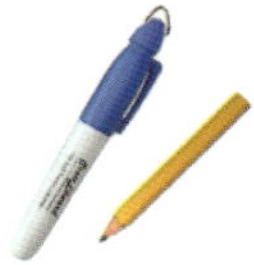

Ein **Bleistift**, um den Score zu notieren, ein **wasserfester Stift**, um den Ball zu markieren.

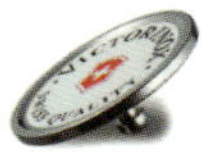

Ballmarker gibt es zum Befestigen am Cap oder am Schuh. Eine Münze tut's auch.

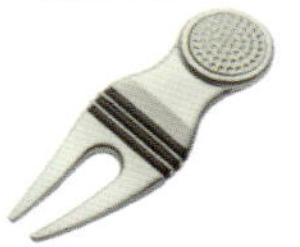

Die **Pitchgabel** zum Ausbessern von Pitchmarken auf dem Grün ist Pflicht.

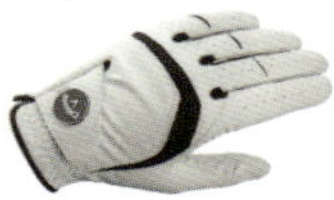

Der **Handschuh** wird nur für die Führhand (linke Hand beim Rechtshänder) gekauft, er sollte eng anliegen. Leder ist schlecht im Regen, Allwetterhandschuhe sind besser. Oder kauf dir einen Regenhandschuh.

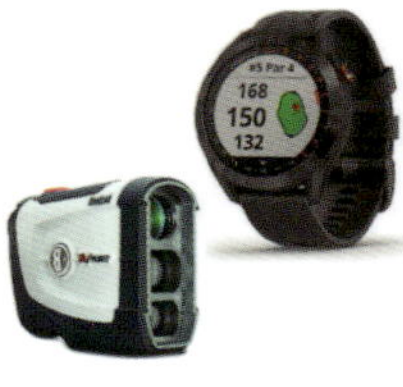

Golfuhren oder **Laser** messen die exakte Distanz zwischen Ball und Ziel.

Kleine Schlägerkunde

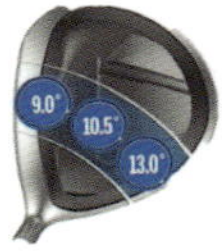

Driver: Das größte Holz wird nur am Abschlag vom Tee gespielt. Je langsamer du schwingst, desto mehr Loft brauchst du. Die Gradzahl (9°–14°) bestimmt die Höhe des Abflugwinkels.

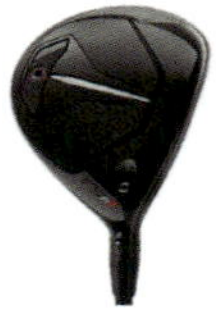

Fairwayholz: Spiel es für »Transportschläge«, wenn der Ball nach dem Aufkommen rollen soll. Du musst eben oder leicht bergauf stehen. Spiel es niemals im Rough, in höherem Gras oder bergab.

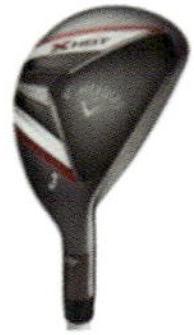

Hybrid/Rescue/Utility: Für weite Schläge bei schwierigem Gelände oder schlechtem Stand. Diese Spezialhölzer kannst du auch im etwas höheren Gras spielen und wenn es leicht bergab geht.

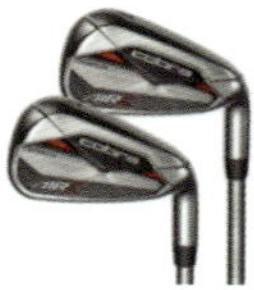

Eisen: Spiel es, wenn der Ball nach dem Aufkommen liegen bleiben soll. Je höher die Nummer, desto kürzer der Schaft und desto höher und kürzer der Flug des Balls.

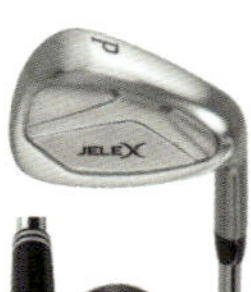

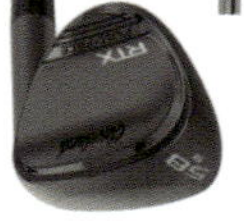

Wedges: Für die kurzen Schläge rund ums Grün. Der Ball fliegt hoch und bleibt sehr schnell liegen. Für den vollen Schwung, den Bunkerschlag, Pitchen und Chippen.

Pitching Wedge (45°) Sand Wedge (56°)

Gap Wedge (50°) Lob Wedge (60°)

Im Golfbag

Der Putter

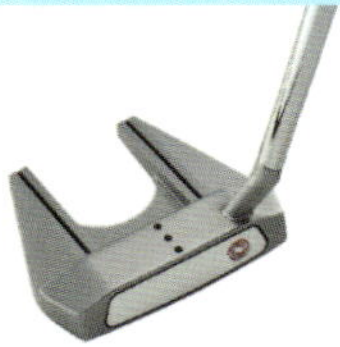

Er ist dein wichtigster Schläger, schließlich wirst du ihn (fast) auf jedem Loch ziehen müssen, um die letzten Schläge auf dem Grün auszuführen. Entsprechend gut sollte deine Wahl sein. Im oberen Preissegment gibt es kein gutes oder schlechtes Material. Teste gründlich und wähle den Putter, mit dem du das beste Gefühl hast.

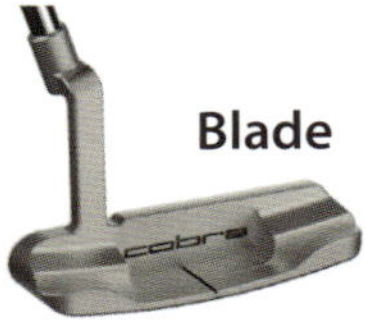

Blade

Puttertypen: Lange Zeit war der Blade-Putter der am häufigsten gespielte, und viele Profis spielen ihn immer noch. Moderner und technisch ausgereifter ist der Mallet-Putter (seltener: Half-Mallet). Idealerweise ist er »face-balanced«: Balanciere den Schaft parallel zum Boden auf einem Finger, der Kopf wird sich auspendeln.

Mallet

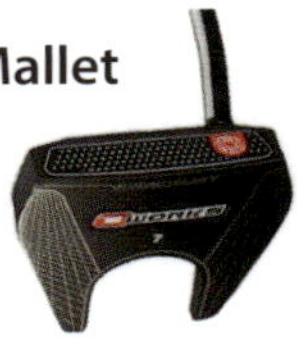

Der Puttergriff: Oversized oder konventionell? Die dicken Jumbogriffe stabilisieren den Putter besser. Dein Pro sagt dir, welchen Griff du brauchst.

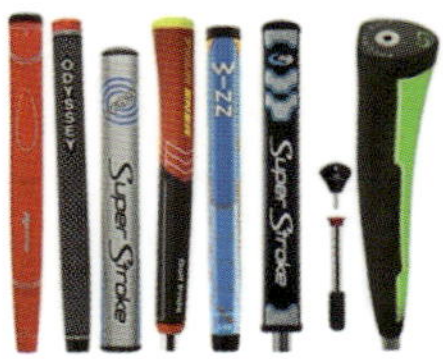

***Damen-Putter** haben dünnere Griffe. Wenn du größere Hände hast, spiel ruhig mit einem Herrengriff.*

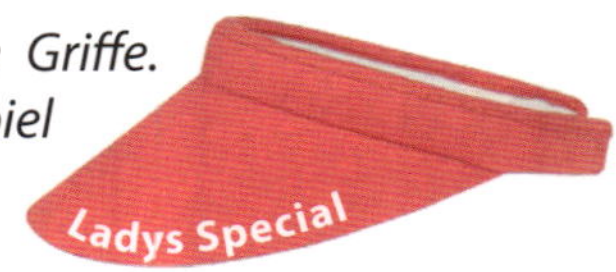

Eisen und Hölzer

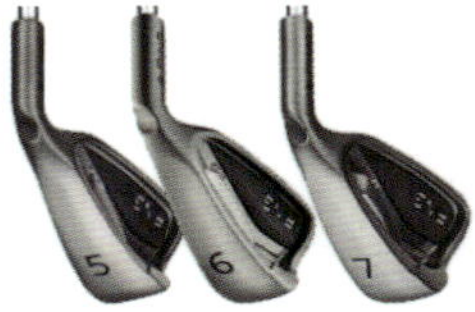

Die **Nummer** auf der Sohle steht für die Länge, die mit einem Schläger erzielt werden kann:

Eisen 5 Schlagfläche mit wenig Neigung, langer Schaft
> Ball fliegt flach und weit

Eisen 7 Schlagfläche mit starker Neigung, kurzer Schaft
> Ball fliegt hoch und kurz

Die **Sohle** ist die Unterseite des Schlägers, mit der dieser aufliegt (beim Sand Wedge deutlich breiter). **Lie** ist der Neigungswinkel des Schlägerschaftes bei parallel aufliegender Sohle. **Loft** ist der Neigungswinkel der Schlagfläche.

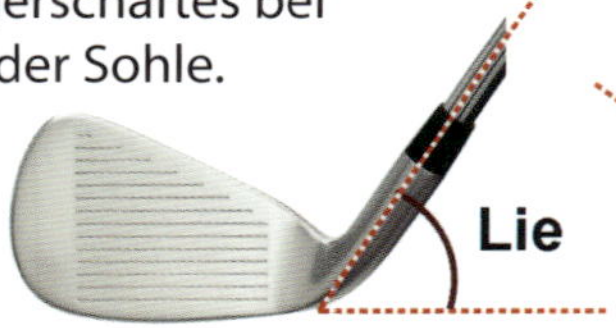

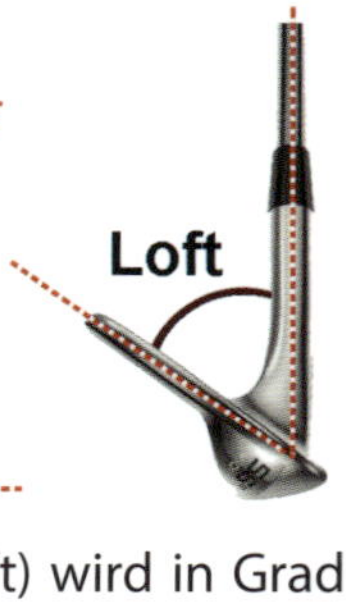

Der Neigungswinkel der Schlagfläche (Loft) wird in Grad gemessen. Je niedriger der Loft, desto flacher und weiter fliegt der Ball.

Driver . . . . 7,5°–14°
Fairwayhölzer . . . 13°–25°
Hybrid/Rescue . . 17°–32°
Eisen 1 . . . . 17°
Eisen 9 . . . . 42°

Pitching Wedge . 45°
Gap Wedge . . . . 50°–55°
Sand Wedge. . . . 56°
Lob Wedge . . . . 60°–64°

Im Golfbag

Längen

In dieser Tabelle findest du die Standardlängen inkl. Ausrollen des Balls für die einzelnen Schläger für Herren und Ladys (durchschnittliche Schlägerkopfgeschwindigkeit).

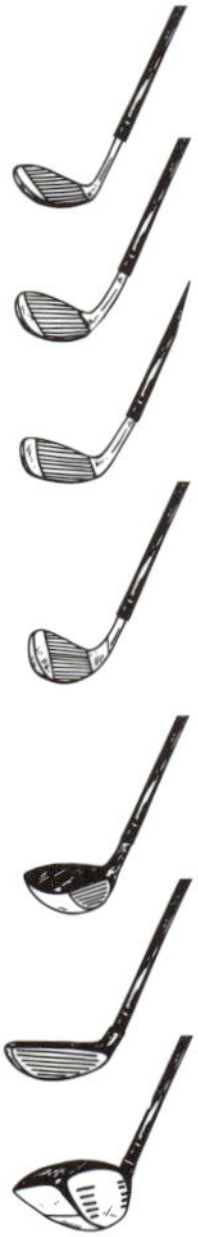

Schläger	Herren	Ladys
Lob Wedge (60°)	60 m	40 m
Sand Wedge	75 m	50 m
Gab Wedge	90 m	
Pitching Wedge	100 m	60 m
9	110 m	70 m
8	120 m	
7	130 m	80 m
6	140 m	
5	150 m	Hybrid 5 90–100 m
Hybrid 4	160 m	
Hybrid 3	170 m	
Senioren Special Holz 7	160–170 m	
Holz 5	170 m	110 m
Holz 3	180 m	120 m
Driver	190–200 m	130–150 m

Bei Ladys machen Eisen mit Distanzunterschieden von 10 m keinen Sinn. Deshalb die Lücken in der Tabelle. Spiel alles über 80 m mit einem Hybrid/Holz.

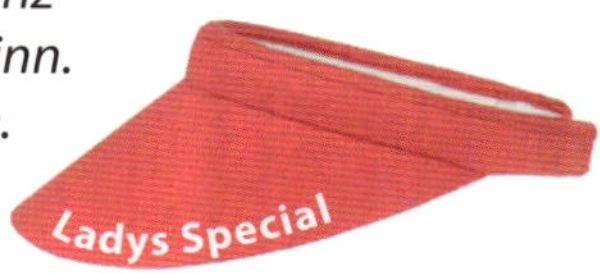

Schäfte

Gibt es gute und schlechte Schäfte? Nein, es gibt nur Schäfte, die zu deinem Schwung passen oder eben nicht. Lass dich vom Pro testen, er wird dir den richtigen Schaft empfehlen. Hier die Basiswerte, bezogen auf Eisen 7 und die gemessene Schlägerkopfgeschwindigkeit (SKG):

Flex

Die Flexibilität des Schaftes. Steht in Zahlen, Buchstaben oder Worten auf dem Schaft.

SKG in Meilen	Schaft
40–50	Lady Light
50–60	Lady
60–70	Men Light (Senior)
70–80	Regular (auch Stahlschaft)
80–90	Stiff Stahlschaft
90–100	X-Stiff Stahlschaft

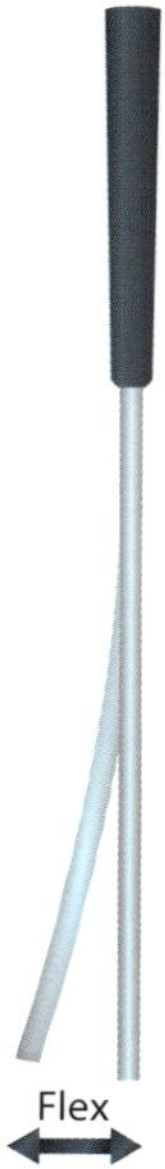

Ist der Schaft zu weich, fliegt der Ball weit, aber ungenau. Zu harte Schäfte lassen den Ball flach und zu kurz fliegen.

Im Golfbag

Bälle

Nach den Golfregeln misst ein Ball mindestens 42,67 mm und wiegt maximal 45,93 g. Die Struktur der Oberfläche bestimmt Ballflug und Spin. Die »Dimples« erzeugen einen Auftrieb, dieser lässt den Ball weit fliegen.

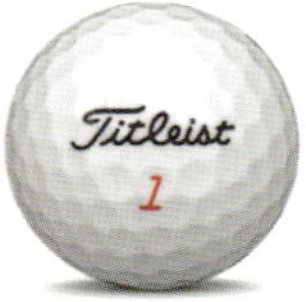

Die Zahl auf dem Ball dient nur zur Identifizierung, sie hat nichts mit der Qualität oder Beschaffenheit zu tun.

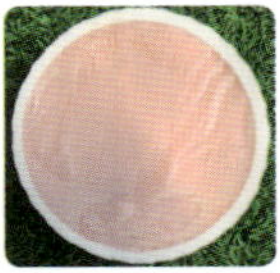

Kategorien

Der **2-Piece-Ball** (Distanzball) hat eine Schale aus hartem Kunststoff und einen Kern aus Kunstharz.

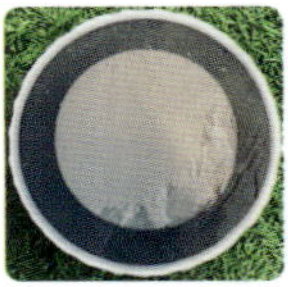

Der **3-Piece-Ball** (Soft) hat einen Kern, einen Mantel und eine Haut. Er ist im kurzen Spiel gut kontrollierbar.

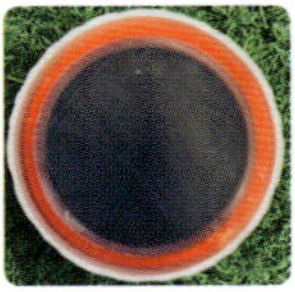

Multilayer-Bälle mit vier oder mehr Schichten sind sehr teuer, Unterschiede im Spiel erkennen nur Single-Handicapper.

Bälle kaufen

Frag im Pro-Shop: »Ich brauche Bälle für SKG xx.« Die Marke ist Geschmackssache, alle Hersteller haben alle Bälle.

Kauf dir von denen immer wieder deine Spielbälle und 2 Dutzend in einer anderen Farbe (siehe »Clever üben«).

Die Sache mit den Grooves

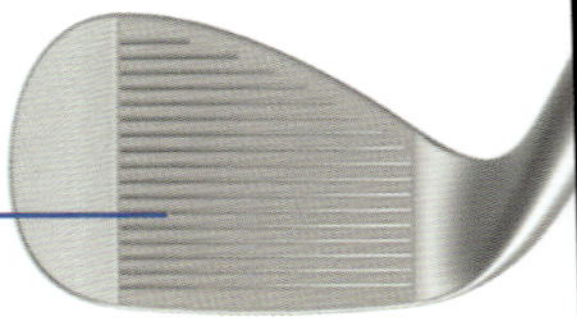

Grooves: die Rillen auf dem Schlägerblatt

Es gibt fünf Wege, einen Ball zu treffen:

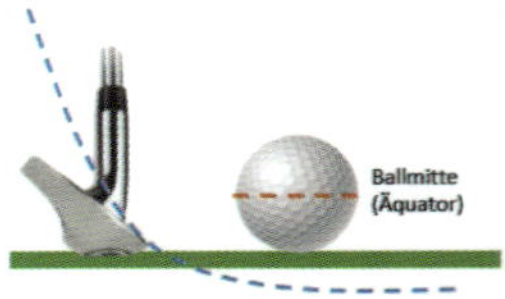

Fett: Der Schläger berührt vor dem Ball den Boden. Der Schlägerkopf verliert Energie, weil er von Gras und Dreck abgebremst wird.

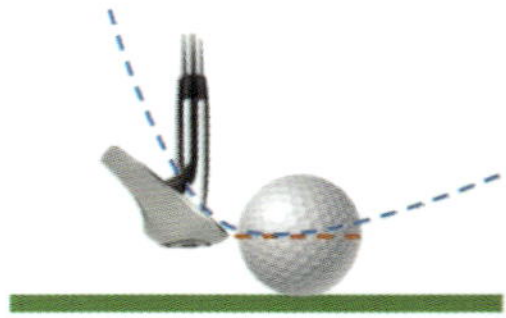

Dünn: Das Schlägerblatt trifft den Ball am oder unter dem »Äquator« (horizontale Mitte des Balls) ohne Bodenkontakt. Der Ball fliegt flach und zu weit.

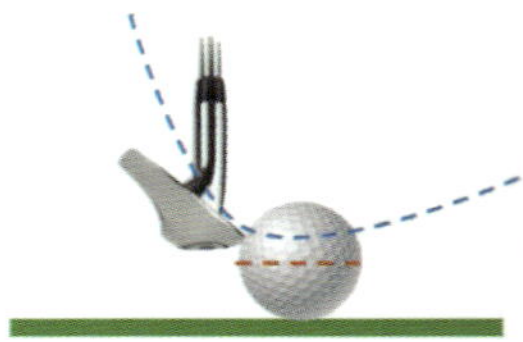

Toppen: Die Sohle des Schlägers trifft den Ball oberhalb des Äquators. Der Ball hat keine Flugkurve mehr und springt unkontrolliert wie ein »Flummi«.

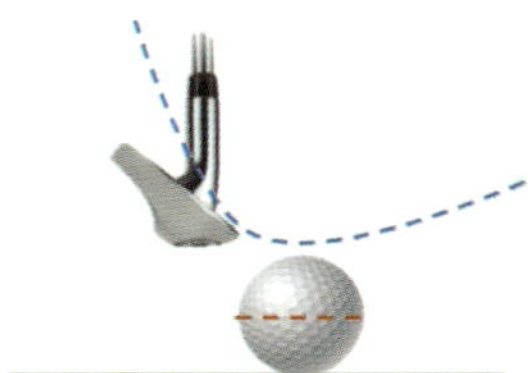

Luftschlag: Der Ball bleibt liegen, der Schlag wird trotzdem gezählt.

Diese vier Schläge sind Fehlschläge, bei denen die Grooves auf dem Schlägerblatt nicht zum Einsatz kommen.

Im Golfbag

Gut auf dem Blatt:
Wir wollen die Schlägerkopfgeschwindigkeit optimal und zu 100 % auf den Ball bringen. Deshalb muss der Schlägerkopf zuerst den Ball berühren. Da wir den Ball mit den Eisen in der Abwärtsbewegung treffen, reiben die Grooves an dem Ball, so wie in der Küche ein Reibeisen an der Gurke. Dabei erzeugen sie den **Backspin**.

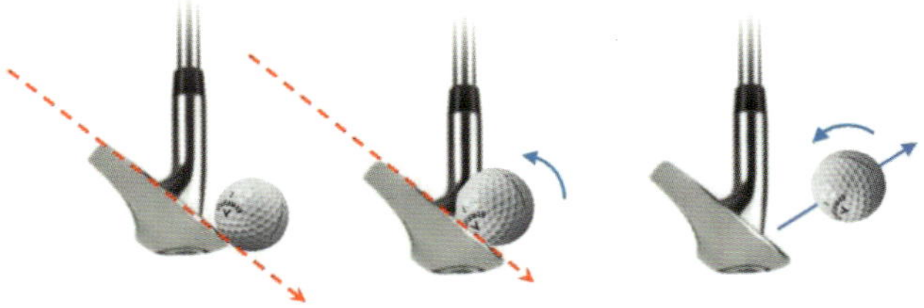

Ob du den Ball optimal getroffen hast, siehst du am Divot (Richtung Ziel vor dem Ball). Du hast nämlich zuerst den Ball und dann den Boden getroffen.

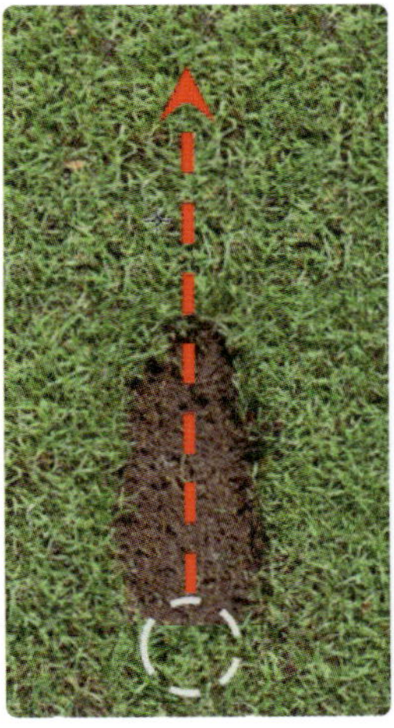

Daher solltest du immer darauf achten, dass die Grooves **sauber** sind, sonst funktioniert das Zusammenspiel zwischen Schläger, Grooves und Ball nicht. Und: Der Ball sollte **nicht allzu abgespielt** sein, damit Balloberfläche und Grooves zusammenarbeiten können.

Dein optimales Equipment

Welche Schläger mit welchen Schäften soll ich kaufen? Welcher Hersteller ist besser? Welche Bälle fliegen weiter? Die Fachzeitschriften sind voll von Tests und Empfehlungen, das Internet bietet Millionen Seiten mit Werbung und Informationen über Golf-Equipment, und jedes neue Modell ist revolutionär besser als das alte aus dem Vorjahr. Aber was für dich das Richtige ist, wirst du nicht über diese Quellen erfahren. Denn: **Wer dir etwas verkaufen will, muss wissen, wie du Golf spielst.**

Geh zum Pro oder in ein gutes Fachgeschäft. Lass dich an einem Golfsimulator überprüfen.

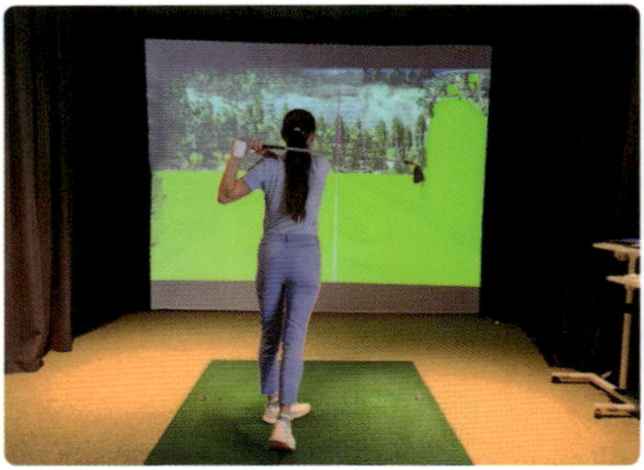

Golfschläger? Nur mit Fitting!

Fitting bedeutet, dass Schlägerlänge und Schlägerkopfwinkel (Lie) entsprechend der Körpergröße eingestellt werden und die Schaftflexibilität deiner individuellen SKG ausgesucht wird.

Lass den Pro deinen Schwung und dein Potenzial auf der Range und im Übungsgelände überprüfen. Lass ihn auf dem Golfsimulator deine **Schlägerkopfgeschwindigkeit (SKG)** messen. Damit kann er dir eine verlässliche Kaufempfehlung geben.

Im Golfbag

Bälle
Der teure Profi-Ball wird dein Spiel nicht verbessern, wenn deine SKG nicht dazu passt. Kauf nur Bälle, die optimal zu deinem Spiel passen. Und spiel nur solche und keine anderen mehr.

Tees
Bitte spiel nicht mit Plastiktees, Holztees sind besser für die Umwelt und schonen die Maschinen der Greenkeeper.

Wenn du immer mit einem gleich hoch abgesetzten Tee spielst, hast du keine Möglichkeit, flexibel auf die Tagesform zu reagieren und die Ballhöhe an deinen Schwung anzupassen. Besser sind Tees mit Farbmarkierungen oder unterschiedlich hoch abgesetzte Tees.

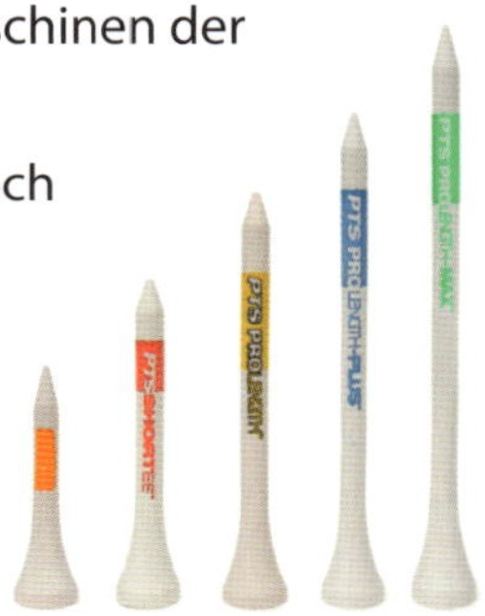

Laser oder Golfuhr
Laser sind natürlich toll, aber teuer. Kauf dir eine einfache, schwarz-weiße Golfuhr mit großen Zahlen. Wenn du spielst, lies die Länge zur Fahne oder zum Hindernis ab und zieh den Schläger, der zu dieser Länge passt.

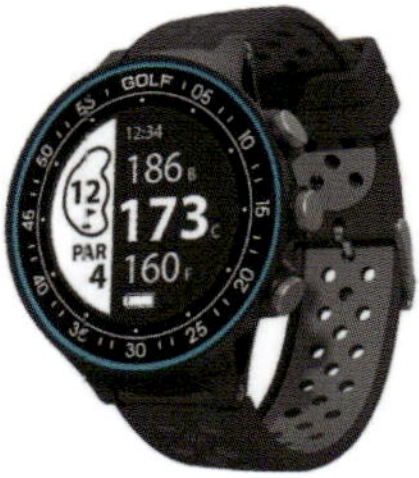

Du willst besser Golf spielen

Zu wem gehst du, wenn du krank bist? Gehst du zum Arzt oder wirst du gesund, indem du die »Apotheken Rundschau« liest?

Du willst dein Golfspiel verbessern. Dieses Ziel wirst du nicht durch das Studium zahlreicher Golfbücher erreichen (auch nicht mit so einem guten wie diesem). Die vielen Ratschläge auf Webseiten sind gut gemeint, die meisten der zahlreichen Internetlehrvideos sind nützlich, aber das alles hilft dir nur, deine Probleme zu analysieren.

Wenn du etwas verbessern willst: Geh zu deinem Pro!

Lass ihn deinen Schwung und dein Spiel überprüfen und deine Fehler reparieren. Er kann das und ist dafür ausgebildet. Er wird individuell auf dein Alter, deine körperlichen Fähigkeiten und deine Ambitionen eingehen. Du wirst, wenn du seinen Ratschlag befolgst und immer fleißig übst, dein Golfspiel verbessern, dich zufrieden und deinen Pro reich und glücklich machen.

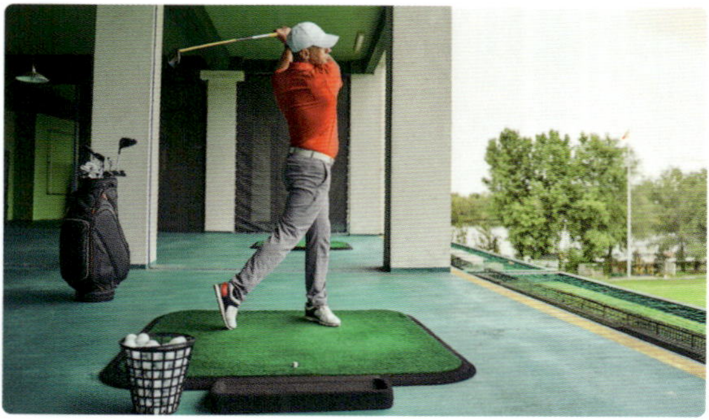

Anamnese

Schätze dein Potenzial richtig ein!

Ein 80-Jähriger wird nicht so weit schlagen wie ein 20-Jähriger, hat aber öfter ein besseres kurzes Spiel. Demzufolge macht es wenig Sinn, dass der ältere Golfer auf der Driving Range fast nur Abschläge übt, er wird niemals Längen erreichen, die der junge Golfer hat. Dafür hat er vielleicht mit den Hölzern gute Annäherungen und spielt ab 100 m solide aufs Grün.

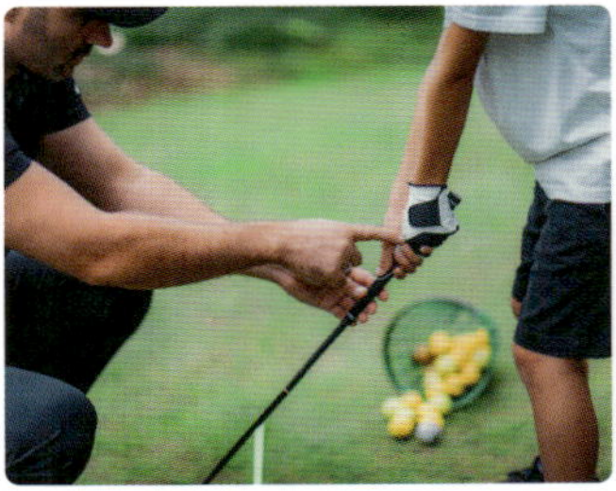

Der junge Golfer dagegen kann durch gezieltes Üben wesentlich mehr aus seinen Drives herausholen, er wird weniger Schläge zum Grün brauchen und das kurze Spiel nicht so intensiv üben.

Beide Golfer können ein gutes Ergebnis erzielen und Freude am Spiel haben, indem sie ihr Potenzial gezielt nutzen.

Ein guter Pro wird dein Potenzial erkennen und dein Training darauf einstellen. Er wird den Seniorengolfer mehr das kurze Spiel und das Putten üben lassen und dem jungen »Longhitter« den perfekten Schwung für lange Schläge beibringen.

»Frauen spielen anders Golf – mit Intelligenz statt Kraft, mit Technik statt Weite. «

(Vivien Saunders, Profi-Golferin)

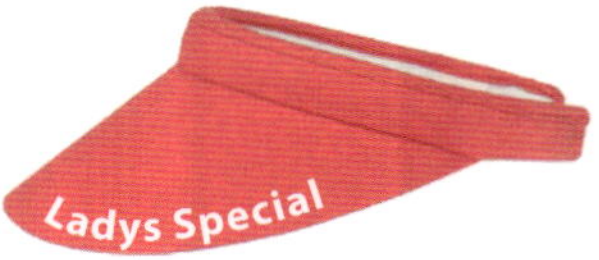

Vorbereitung

Dein Weg beginnt weiter vorne

Du spielst heute Golf? Dann wirst du wahrscheinlich zum Golfplatz fahren, dich kurz auf der Driving Range warm spielen, ein paar Chips und Pitches machen und noch ein wenig putten. Dann gehst du zum ersten Abschlag und ... schlägst den ersten Ball ins Aus.

Das war etwas provokant, aber nahe an der Realität. Machen wir uns ein paar Gedanken zum Thema »mentale Vorbereitung«. Du musst dich mental und organisatorisch auf dein Spiel vorbereiten. Und du musst vielleicht deine Einstellung (engl. »attitude«) anpassen.

Deine vier persönlichen Regeln

1 | Willst du wie ein guter Golfer spielen, verhalte dich wie einer.

Fühl dich wie ein guter Golfer. Egal, was du vorher warst, sei es Privat- oder Büromensch, Mediziner, Arbeiter, Handwerker, Wissenschaftler oder Rentner.

Du wirst zum Golfer. Zieh dich gut an, putz deine Schuhe und deine Golfschläger. Leg alles ab, was du vorher warst. Du spielst jetzt Golf.

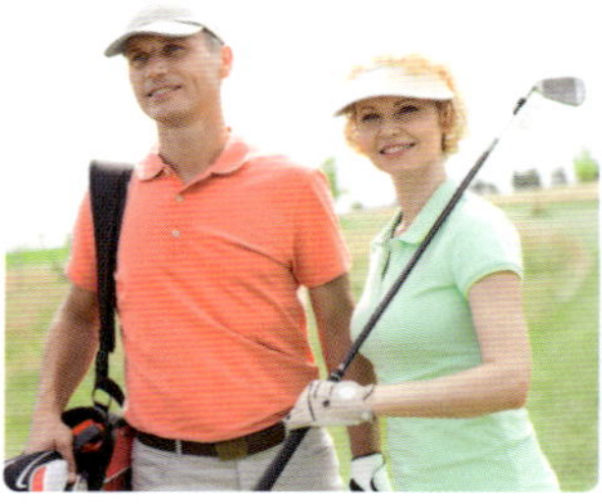

Schau den Profis zu, wie ruhig, elegant und sicher sie sich auf dem Platz bewegen. Sie sind heute nur Golfer.

Auf dem Weg zum Golfplatz

2 | Akzeptiere oder ändere

Wenn du keine gute Runde spielen willst, kommst du in letzter Minute oder zu spät, telefonierst noch schnell mit dem Chef, verzichtest auf das Einspielen, schlägst gehetzt ab und spielst den Rest der Runde verkrampft. Die Erwartung, gut zu spielen, ist unrealistisch. Wenn du besser spielen willst, ändere deine Einstellung und deine persönliche Organisation.

3 | Sei vorbereitet

- Komm früh genug an.
- Nimm den Golfplatz an und auf.
- Bereite dich in Ruhe vor. Schuhbänder binden, Handschuh an, Tees und Bälle bereitstellen.
- Geh konzentriert und ruhig auf den Abschlag.

4 | Hab Spaß

Wer Spaß hat, spielt besser Golf. Und wer besser Golf spielt, hat mehr Spaß. Wenn's mal nicht klappt, dann halt nicht. Genieß den schönen Tag und den netten Flight.

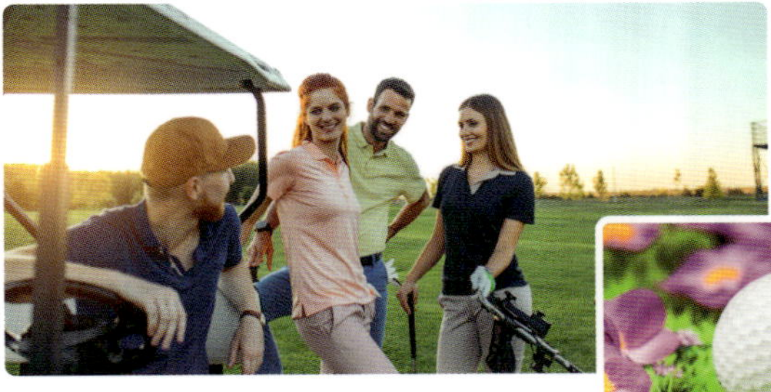

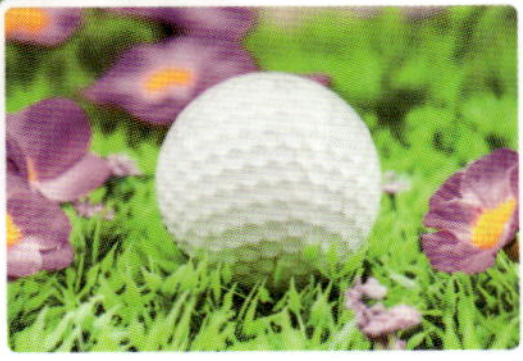

Vergesst nicht, an den Blumen zu riechen. *(Ein unbekannter Pro)*

Vorbereitung

Ist Einspielen wirklich nötig?

Du musst dich vor deiner Golfrunde nicht einspielen, aber du bekommst, was du bestellt hast. Erwarte kein gutes Spiel, wenn du »kalt« auf den ersten Abschlag gehst.

Das Wichtigste ist eine immer gleiche Routine:

- Geh immer als Erstes auf das Putting-Grün, komm an, mach dich über lockere Putts mit den Grüns vertraut.
- Übe das kurze Spiel mit einem Wedge (Chippen, Pitchen, auf dem Übungsplatz oder auf der Range).
- Dann übe das mittlere und lange Spiel. Fang mit dem 7er-Eisen an, dann nimm die langen Eisen bis zu den Hölzern.
- Als Nächstes kommt der Driver. Übe einige Abschläge.
- Zum Schluss gehst du noch einmal zum Putten. Das beruhigt, du »kommst runter«. Leg dir dein persönliches Putt-Training zurecht.

Nach dem Einspielen absolvierst du noch 15 Minuten dein Schwerpunkttraining (siehe »Clever üben«). Dann reinige deine Schläger und begib dich zum ersten Abschlag.

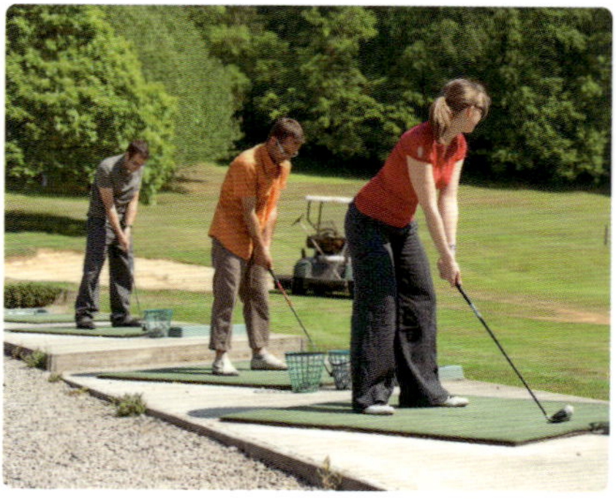

Einspielen

Golfplatz mit Charakter

Du kennst den Golfplatz, den du heute spielen wirst? Ist er sehr hügelig, hat er zahlreiche Bunker oder sehr viel Wasser? Enge Fairways, viele Bäume? Jeder Golfplatz hat seinen eigenen Charakter, und dem begegnen wir mit Ehrgeiz und Respekt.

Passe deine Vorbereitung auf der Driving Range diesem Charakter an. Für den hügeligen Platz übst du mehr Hanglagen, für Wasser oder Bunker spielst du im Übungsgelände viele kurze und hohe Bälle aufs Grün. Und dem baumreichen Platz begegnest du besser, indem du die Drives nicht auf Länge, sondern auf Sicherheit spielst.

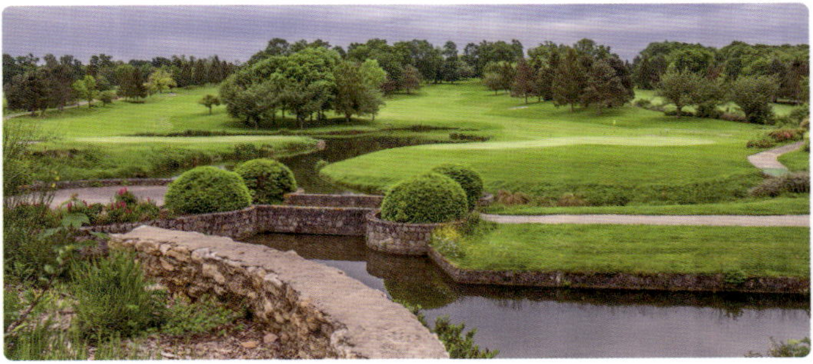

Kräfte einteilen!
Bitte keinen falschen Ehrgeiz entwickeln. Schone deine Kräfte, powere dich nicht schon beim Einspielen aus.

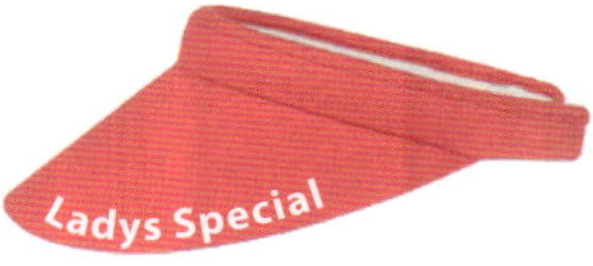

Auf dem Abschlag

Du kommst von der Range, hast dich ein- und warmgespielt und gehst jetzt zum ersten Abschlag. Hier wirst du den Ball aufteen und wahrscheinlich mit dem Driver oder (auf Par-3-Bahnen) mit einem Eisen abschlagen.

Wie hoch solltest du aufteen?

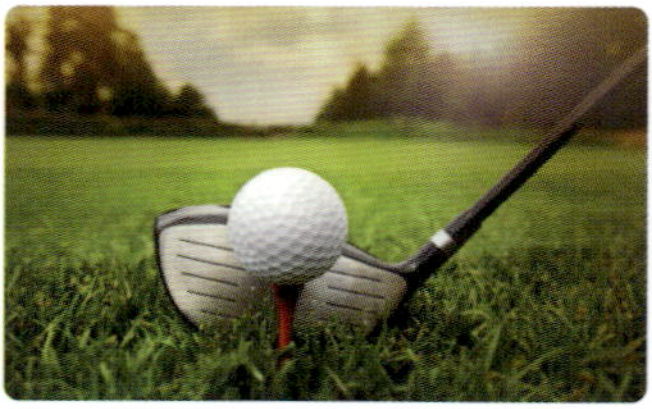

Beim Abschlag mit dem Driver ragt der Ball üblicherweise zur Hälfte über den am Boden aufgesetzten Driver-Kopf.

Die wichtigste Regel: Der Schläger muss den Ball in der Aufwärtsbewegung treffen.

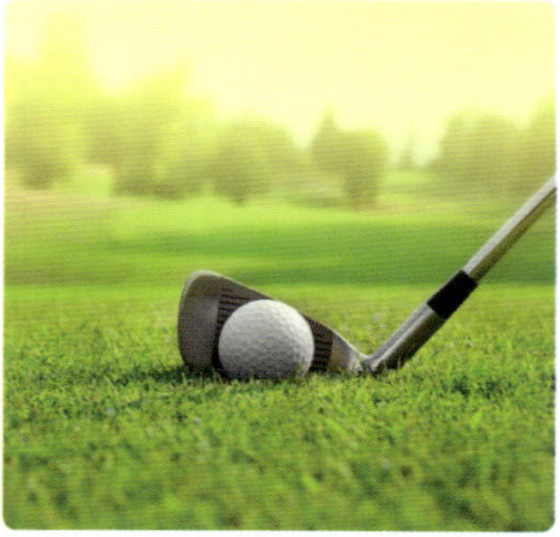

Beim Eisenschlag oder beim Abschlag mit einem Fairwayholz ragt das Tee nur so hoch aus dem Boden, dass der Ball die perfekte Lage auf dem Fairway simuliert.

Immer gleich hoch aufteen?

Das macht Sinn, wenn dein Schwung konstant ist. Probiere ruhig eine andere Ballhöhe, wenn der Schwung heute nicht passt.

Ball auf dem Tee

Grundsätzlich gilt aber: Nicht die Höhe, in der dein Ball auf dem Tee balanciert, ist von Bedeutung, sondern deine Konzentration auf den Ball.

- Schau den Ball konzentriert an.
- Vertrau deiner Hand-Augen-Koordination.
- Schlag den Ball, ohne den Augenkontakt zu verlieren.

Wenn der Ball nicht gerade fliegt, liegt es meist nicht an der Höhe des Tees. Lass deinen Pro deinen Schwung überprüfen. Kommst du zu stark von außen, fliegt der Ball nach rechts (Slice). Kommst du von innen, fliegt er nach links (Hook).

Viele Golfschläger haben eine entsprechende Markierung. Im Pro-Shop gibt es Aufkleber oder Impact-Sprays, die den »Impact« anzeigen (mit Spucke die Schaltfläche reinigen geht auch).

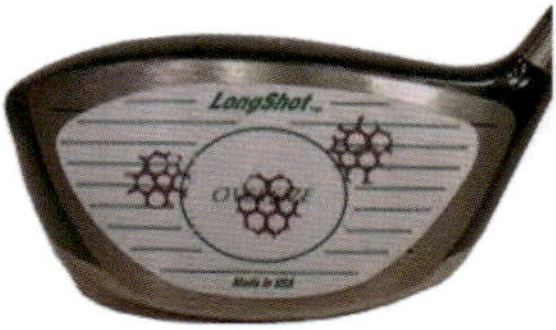

Überprüfe nach dem Schlag, wo du den Ball getroffen hast. Idealerweise sitzt der Abdruck genau auf dem »sweet spot«.

Ladys spielen tendenziell »dünner«, weil sie Angst vor Schmerz und vor Verletzung bei Bodenkontakt haben und weniger Kraft in Muskulatur und Handgelenk mitbringen.
Deshalb: ***Einen halben Zentimeter höher aufteen.***

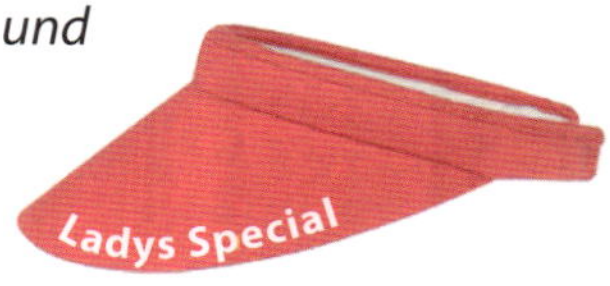

Auf dem Abschlag

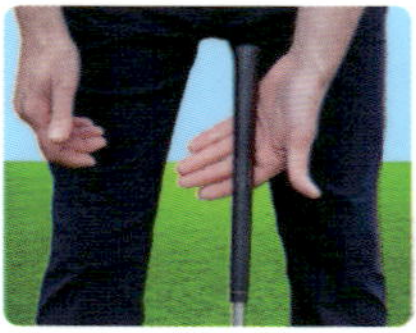

1. Lege den Griff in die Finger der Handschuhhand.

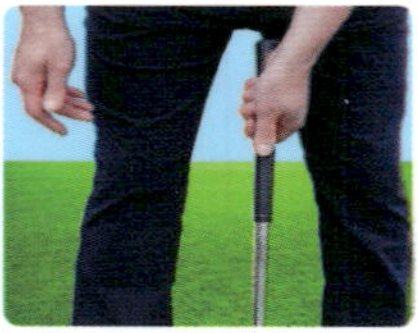

2. Schließe die Hand und lege den Daumen auf den Griff.

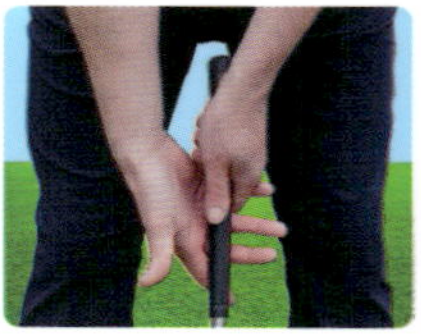

3. Die andere Hand umschließt den Daumen und den Schläger.

Die rechte Hand bleibt leicht geöffnet, sie liegt tiefer als die linke Hand. Die Handschuhhand greift fest, die untere Hand hält, ohne zu klammern.

Tipp

Halte den Schläger wie ein lebendiges Vögelchen: fest genug, damit es nicht wegfliegt, aber locker, um es nicht zu verletzen.

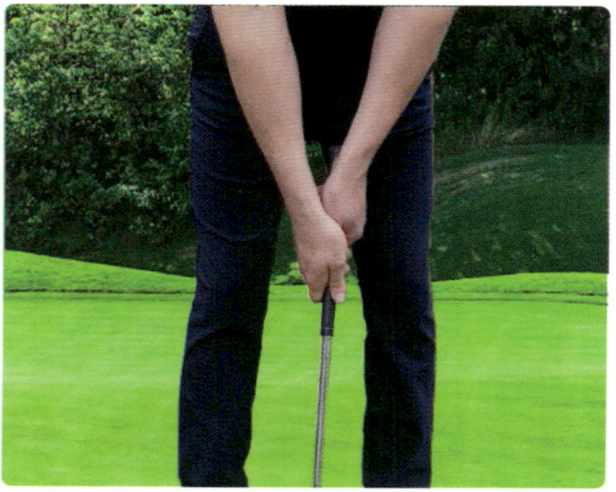

Grifftechniken

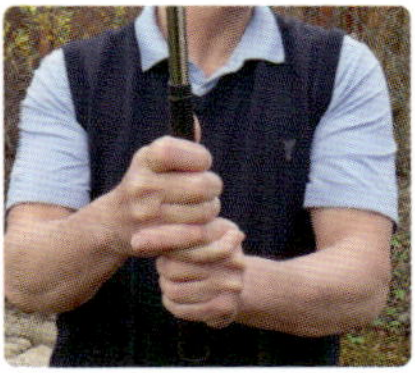

Interlock: Der Zeigefinger der linken Hand und der kleine Finger der rechten Hand verhaken sich. Vorteil: Stabilität, Nachteil: kann auf die Dauer schmerzhaft sein.

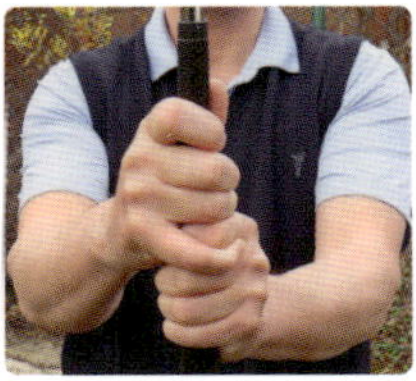

Overlap: Die Abwandlung des Interlocks, gut für Spieler mit Gelenkschmerzen. Der Zeigefinger der linken Hand liegt zwischen dem kleinen Finger und dem Ringfinger der rechten Hand.

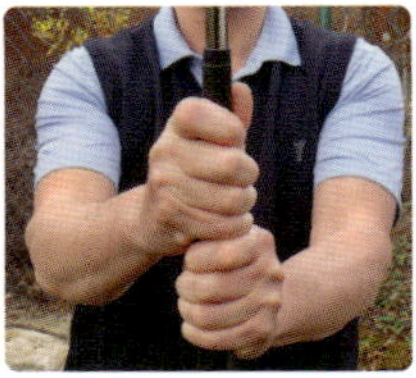

10-Finger-Griff/Baseball-Griff: Die Hände liegen übereinander auf dem Griff. Vorteil: fühlt sich gut an, Nachteil: Langfristig trennen sich die Hände voneinander, das hat zur Folge, dass das Schlägerblatt unkontrollierbar wird.

Wenn du das Gefühl hast, dass dir ein zweiter Handschuh guttut, dann nutze ihn.

Wenn du große Hände und/oder viel Kraft hast, brauchst du einen Herrengriff.

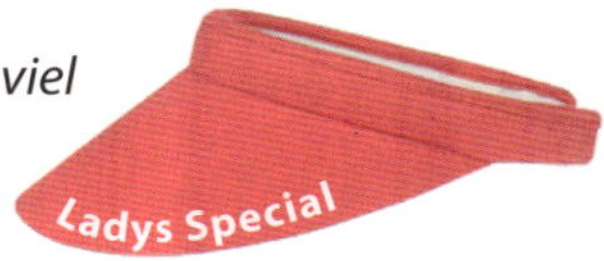

Auf dem Abschlag

Ballposition
Der Abschlag ist wie eine perfekte Plattform für den Golfschlag: Du stehst nie schief, der Ball liegt niemals in schlechter Lage, die Oberfläche ist eben und immer gleich. Deshalb musst du deine Fußstellung nicht ans Gelände oder die Lage des Balls anpassen. Du kannst also auf dem Abschlag eine eintrainierte Ballposition abrufen:

- Schlägst du mit dem **Driver** ab, liegt der Ball auf der Höhe der linken Ferse.
- Beim **Fairwayholz 3/5** kannst du den Ball ähnlich wie beim Driver auf der Höhe der linken Ferse positionieren.
- Für das **Hybrid/Rescue** sollte er etwas links von der Mitte liegen.
- Beim Abschlag mit dem **Eisen** liegt der Ball je nach Länge des Eisens mehr zum linken Fuß.
- Ab dem **Pitching Wedge** liegt der Ball mittig zwischen den Füßen.

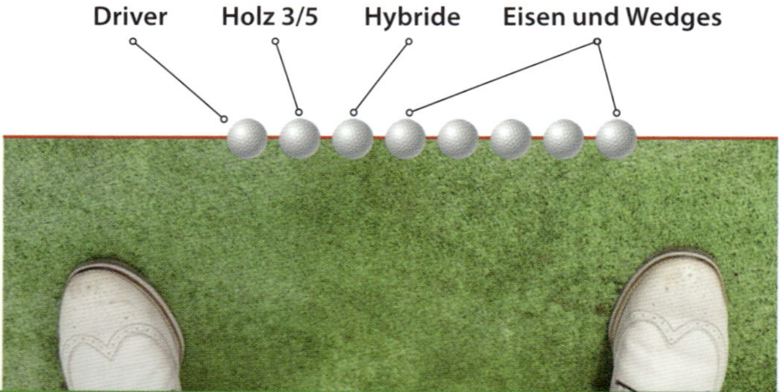

Ballposition und Stand

Der Stand beim Drive
So liegt der Ball für den Abschlag mit dem Driver immer richtig:

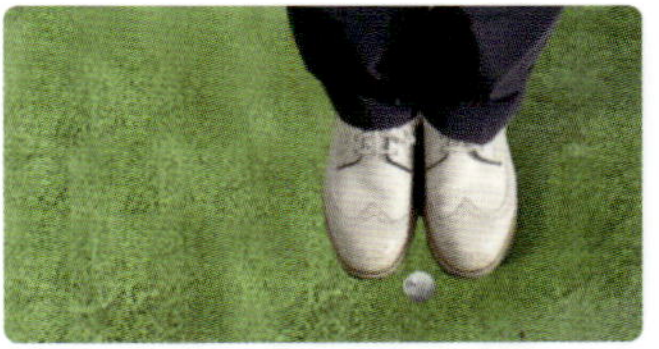

1. Gegenüberstellen, Füße zusammen, Ball liegt in der Mitte.

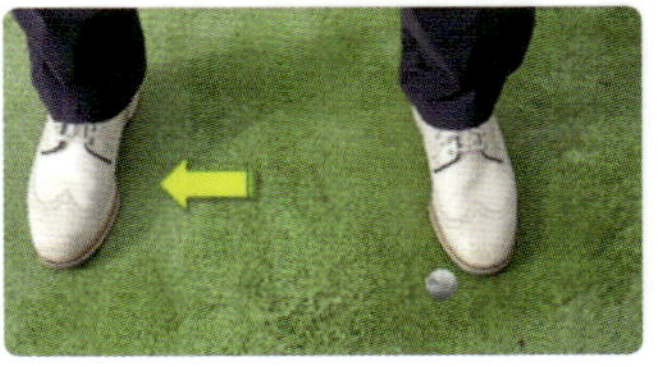

2. Mach einen Schritt nach rechts. Damit liegt der Ball immer links von der Ferse.

Probeschwung mit dem Driver
Während des Probeschwungs solltest du konsequent auf den Ball schauen. Schaust du auf den Boden, wirst du beim Probeschwung den Boden treffen. Schaust du auf den Ball, wirst du einen Luftschwung machen.

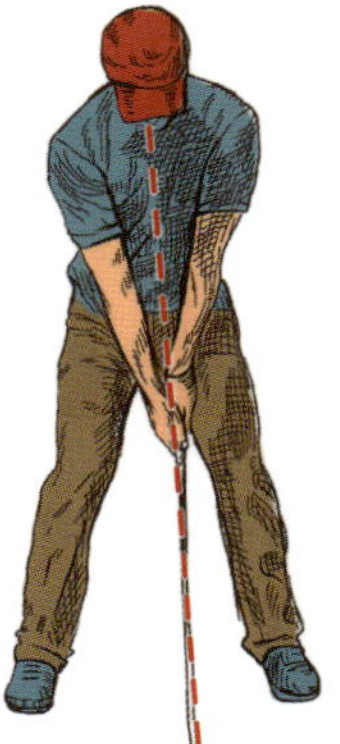

Warum liegt der Ball für den Driver so weit links? Der tiefste Punkt des Schlägerkopfes hat die Körpermitte bereits durchlaufen. Deswegen trifft er in der Aufwärtsbewegung.

Kurzer Blick zum Ziel
Schau noch mal, wo die Reise hingeht.

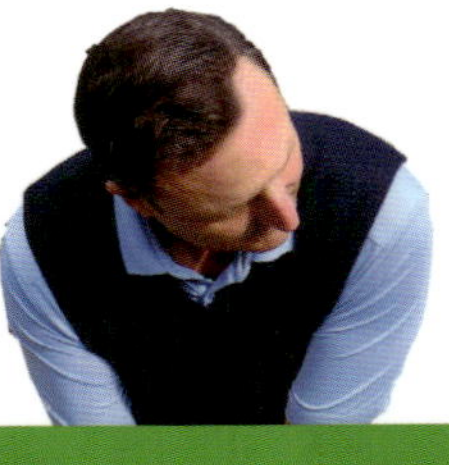

Auf dem Abschlag

Der Golfschwung lässt sich in fünf Phasen einteilen:

1. Die Ansprechposition (Setup)
2. Die Ausholbewegung (Take-away)
3. Der höchste Punkt im Schwung
4. Der Weg zum Ball (Abschwung)
5. Das Finish

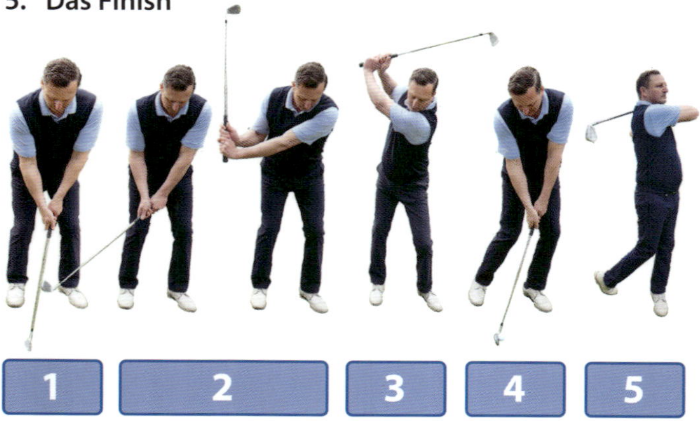

1. Die Ansprechposition (Setup)

Der Rücken ist gerade, die Arme hängen nach unten. Die Knie sind leicht gebeugt, das Gewicht ist auf dem linken Fuß. Rechts ist die Hüfte etwas tiefer als links.

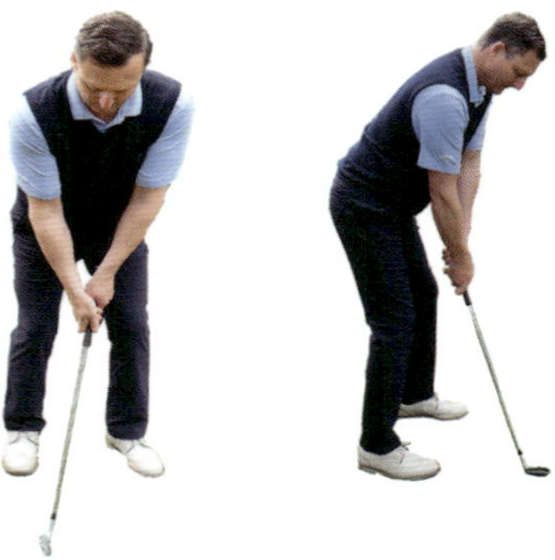

Golf Basics

Von jedem Spieler dieses eleganten Sports wird erwartet, dass er nach dem **Spirit of the Game** spielt. Diese Regeln haben (meist) nichts mit den offiziellen Golfregeln zu tun, und du wirst auch nicht bestraft, wenn du sie verletzt. Aber du wirst mehr Freude am Golf haben, wenn du dich daran hältst. Denn Golf ist nicht nur ein Sport.

Beim Golf geht es nicht um Leben oder Tod – Golf ist viel mehr. *(Weisheit aus Schottland)*

- **Aufrichtigkeit** | Mach dich mit den Golfregeln vertraut. Befolge sie und spiele eine Runde, die gezählt wird, immer unter Anwendung der offiziellen Golfregeln. Akzeptiere Strafen, zähle ehrlich und mogle nicht. Du betrügst nur dich selbst und beleidigst deine Mitspieler.
- **Rücksicht nehmen** | Nimm Rücksicht auf alle Spieler auf dem Golfplatz und auf die Platzarbeiter. Spiele zügig und störe weder das Spiel noch die Konzentration deiner Mitspieler.
- **Sicherheit geht vor** | Achte zu jeder Zeit auf die Sicherheit und Unversehrtheit aller Mitspieler und aller Personen auf dem Golfplatz.
- **Den Golfplatz schonen** | Lege ausgeschlagene Rasenstücke (Divots) zurück. Beseitige deine Spuren im Bunker mit dem Rechen. Bessere Pitchmarken auf dem Grün aus (nicht nur deine!). Halte den Golfplatz sauber und vermeide alles, was den Platz und die Natur rund um den Golfplatz beschädigen könnte.

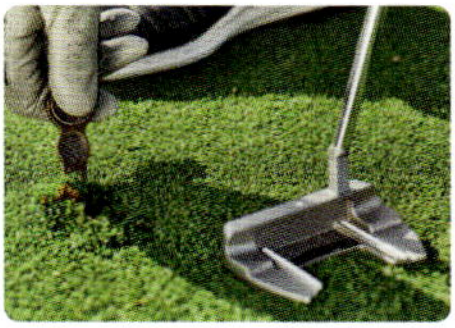

Wer wir sind

Stephan Roedel spielt seit 40 Jahren Golf. Er wurde bei der PGTAA (Professional Golf Teachers Association of America) mit Sitz in Kalifornien zum Golflehrer ausgebildet. Zudem ist er AAA Golf Mentaltrainer, Kaufmann und Familienvater.

Ignatz Schels ist Informatiker und hat als Fachbuchautor schon viele Bestseller für Markt+Technik geschrieben, u. a. »Golfregeln verständlich erklärt«.
Golf spielt er seit mehr als 30 Jahren.

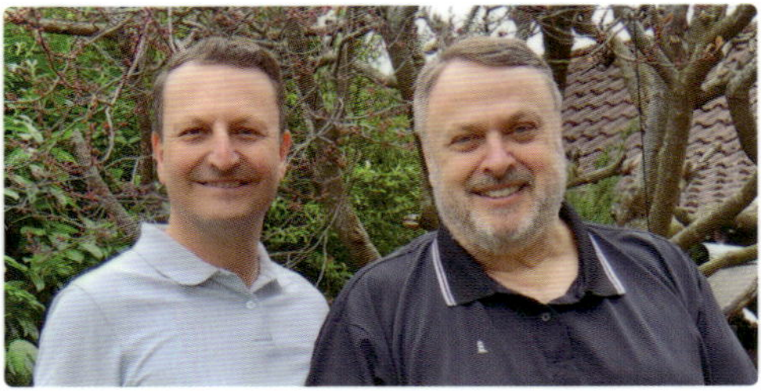

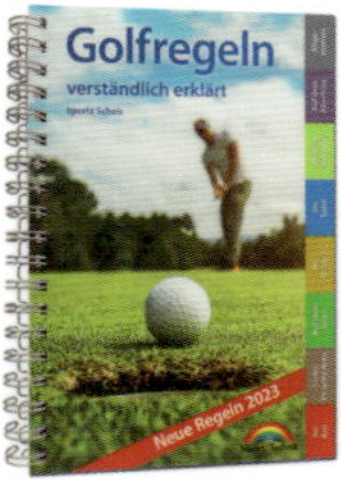

Aus Platzgründen

- sprechen wir dich immer als »Spieler« an, gemeint sind natürlich Golfer und Golferinnen jeden Geschlechts.
- sind alle Erklärungen für Rechtshänder. Linkshänder müssen natürlich umdenken.

Wenn du dieses Symbol siehst, haben wir einen besonderen Tipp für die Golferin. Wir meinen nämlich, dass das »zarte Geschlecht«, das eine andere Physiognomie mitbringt, in der Golffachpresse und in Golfvideos viel zu kurz kommt.

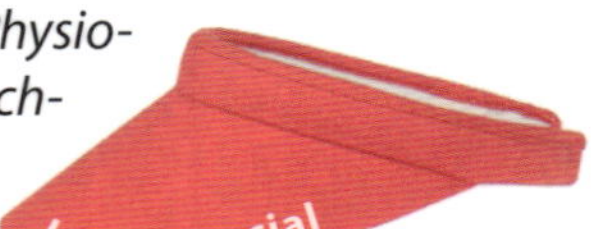

2. Das Take-away

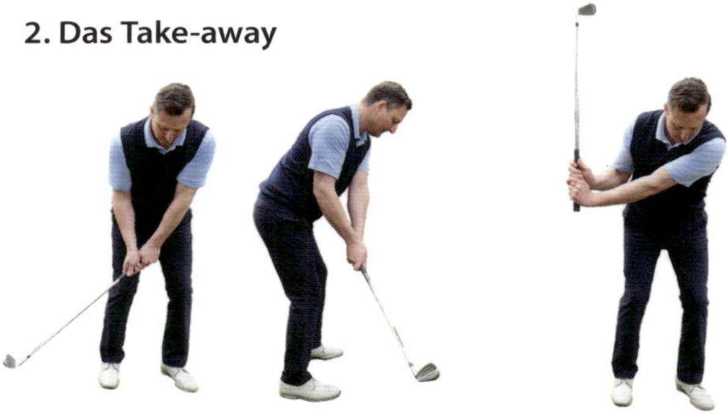

Schulter und Arme bilden ein Dreieck, die Schultern bewegen die Arme, die Arme bewegen den Schläger. Die Hüfte dreht sich leicht nach hinten.
Die Hände bleiben passiv.

3. Der höchste Punkt im Schwung

Der linke Arm ist vollständig durchgestreckt. Das Gewicht ist immer noch auf dem linken Fuß. Der Kopf ist immer noch exakt an der Stelle, an der er in der Ansprechposition war. Das ist der wichtigste Kontrollpunkt im Rückschwung.

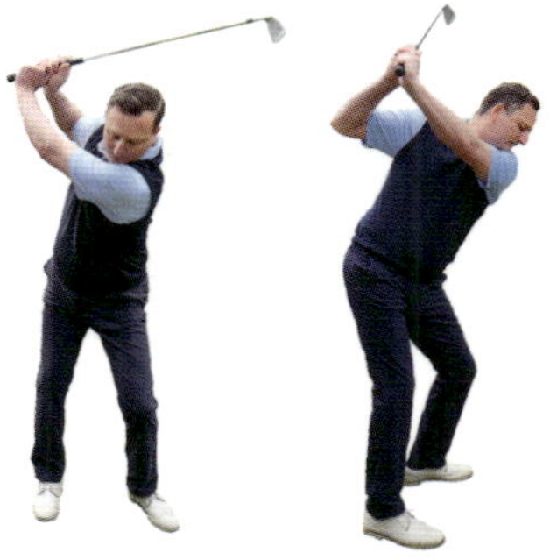

Die Handgelenke sind so abgewinkelt, dass der Schläger zum **gestreckten** linken Arm einen rechten Winkel bildet.

4. Der Weg zum Ball (Abschwung)

Die Hüfte dreht sich nach vorne und leitet dadurch den Abschwung ein. Die aufgebaute Körperspannung entlädt sich, die linke Schulter zieht den gestreckten linken Arm in Richtung Ziel. Zeitgleich löst sich der Winkel der Handgelenke (Release). Der Schlägerkopf trifft den Ball mit höchstmöglicher Geschwindigkeit.

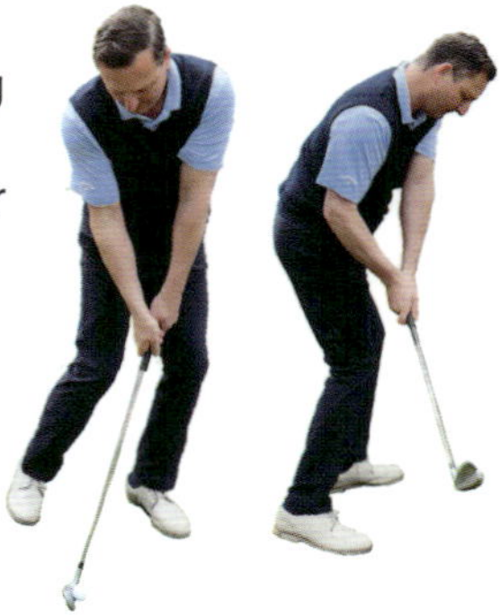

5. Das Finish

Die Gürtelschnalle dreht sich zum Ziel und leitet das Finish ein. Die durch Drehung und Körpermasse erzeugte Energie zwingt den Schläger in die Endposition hinter dem Rücken.

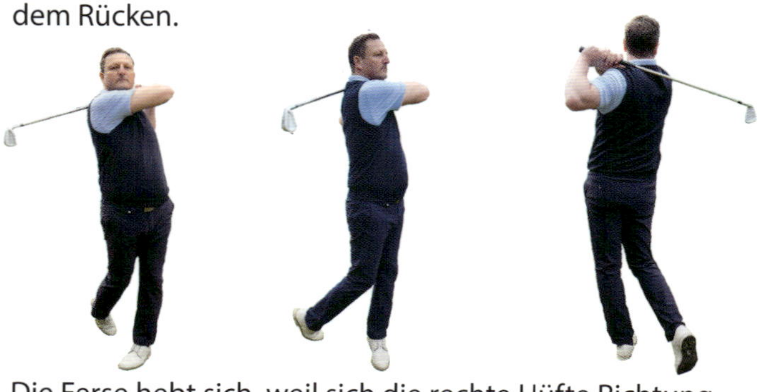

Die Ferse hebt sich, weil sich die rechte Hüfte Richtung Ziel dreht. Im Finish bleibst du auf dem linken Fuß stehen, der rechte Fuß stabilisiert die Position.

Fehleranalyse

Slice (Ball fliegt im Bogen nach rechts)
Dein Schwung kommt zu stark von außen.
Schau dein Divot an, es zeigt nach links.

Ball wird getoppt, fliegt zu weit und zu flach
Schau den Ball hinten rechts an, nicht oben.
Bewege die Augen während des gesamten Schwungs nicht weg.

Ball zu fett getroffen, fliegt zu kurz
Du hast beim Schwung den Kopf nach unten bewegt.
Halte den Kopf während des gesamten Schwungs an der Ansprechposition.

Socket: Ball fliegt leicht hoch und im Winkel von bis zu 45° zur Seite
Wird oft verwechselt mit dem »Spitzeln« des Balls.
Nicht näher zum Ball, sondern weiter weg stehen.
Such den Ballabdruck auf der Schlagfläche.

Frauen sind beweglicher als Männer, deshalb ist ihr Rückschwung länger. Lass dir nicht einreden, dass du »überschwingst«.

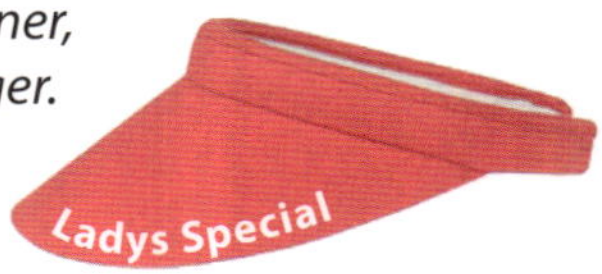

Spielen im Gelände

Wann einen provisorischen Ball spielen?

Landet dein Ball nach dem Abschlag im dichten Rough, im Wald oder in einer anderen Umgebung, in der er eventuell nicht mehr zu finden ist, solltest du einen provisorischen Ball spielen.

Das gilt nicht, wenn der Ball erkennbar in einer Penalty Area landet (rote oder gelbe Markierung), hier darfst du keinen provisorischen Ball spielen, hier musst du aus dem Hindernis spielen oder einen neuen Ball droppen (mit Strafschlag).

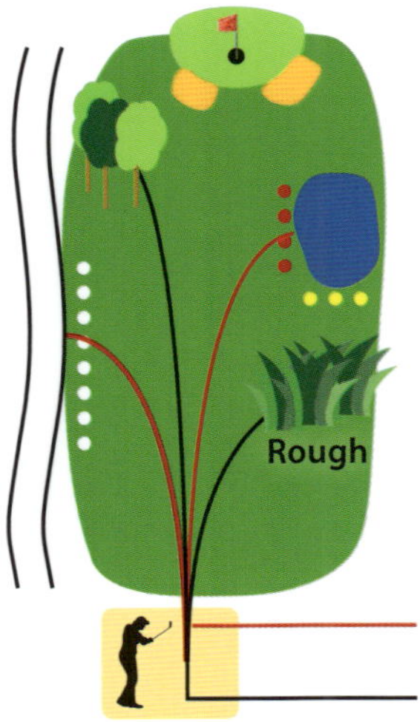

Wenn dein Ball nach dem Schlag sicher und erkennbar im Aus landet (weiße Markierung), darfst du ebenfalls keinen provisorischen Ball spielen.

Du musst den Schlag mit einem Strafschlag wiederholen.

Lass aber auf dem Abschlag zuerst alle anderen Mitspieler abschlagen, die noch nicht dran waren.

Kein provisorischer Ball erlaubt

Provisorischen Ball spielen

Rote Markierung: Penalty Area

Gelbe Markierung: Frontales Wasser

Weiße Markierung: Aus

Provisorischer Ball

So spielst du einen perfekten provisorischen Ball

Kündige den provisorischen Ball laut hörbar an, und zwar so, dass beim Finden der Bälle keine Diskussionen aufkommen können:

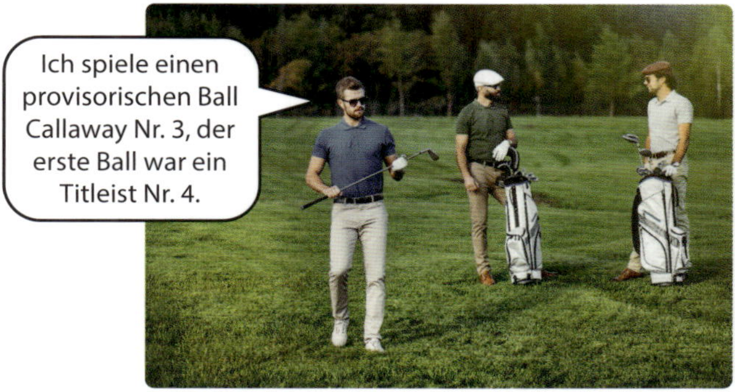

Tipp

Nimm einen andersfarbigen (gelben, roten, pink) Ball, damit ist eine Verwechslung mit dem ersten Ball ausgeschlossen.

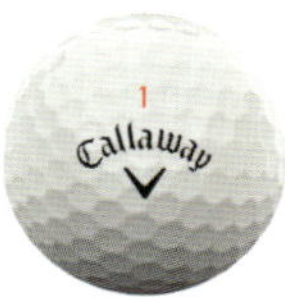

Ball im Spiel

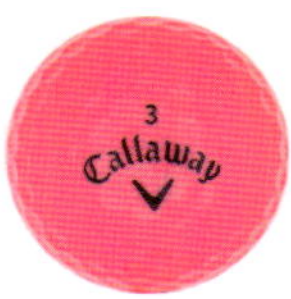

provisorischer Ball

Ein provisorischer Ball gehört zum guten Spiel. Er zeigt, dass du die Regeln beherrschst.

Spielen im Gelände

Sicher hast du bei deinen ersten (oder regelmäßigen?) Trainerstunden schon gehört: Mach einen Probeschwung. Der Probeschwung gehört zur **Pre-Shot-Routine.** Achte auf die Profis: Kein guter Spieler wird auch nur einen Schlag ohne vorherigen Probeschwung machen. Aber warum machen wir einen Probeschwung? Um unsere Muskeln zu lockern? Um zu prüfen, wie dicht das Gras ist oder wie weit wir noch aufdrehen können?

Das ist alles falsch.

Der Probeschwung ist dein wichtigstes Werkzeug auf dem Platz zur Überprüfung, ob du **richtig stehst.**

In dem Moment, in dem wir die vorbereitete Plattform **Abschlag** verlassen, wird jede Balllage im Gelände individuell sein, und der Stand muss angepasst werden. Wir können unter oder über dem Ball stehen, bergauf oder bergab. Wir haben dabei kurze und lange Werkzeuge im Bag. Wir schwingen die Werkzeuge mit verschiedenen Geschwindigkeiten.

All diese Faktoren ergeben einen Punkt, an dem das Werkzeug den Boden berührt. Und die einzige Möglichkeit, **diesen** Punkt zu finden, ist der Probeschwung.

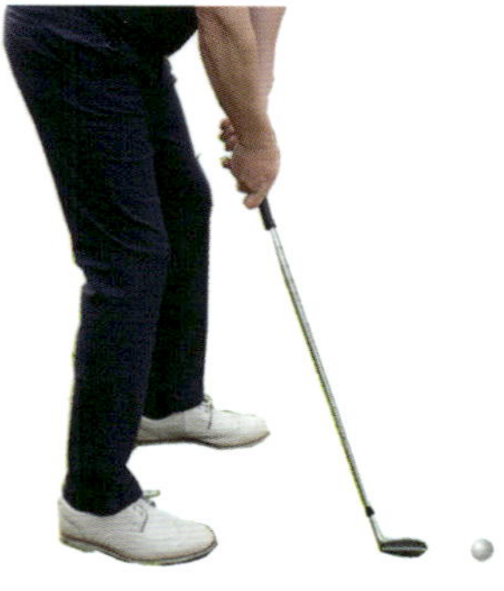

- Stell dich mit genügend Abstand vor den Ball, suche die passende Ballposition für den gewählten Schläger.

Der Probeschwung

- Konzentriere dich auf den Ball und mach einen vollen Schwung (keinen Aufwärmschwung).
- Kontrolliere im Gras oder auf der Matte, wie du den Ball getroffen hättest.
- Mach einen Schritt nach vorne zu deinem Ball, korrigiere deinen Stand und deinen Schwung nach deiner Probeschwunganalyse.

Analyse

Der Probeschwung muss den Boden berühren, sonst ist keine Aussage möglich.

Die Position des Divots gibt dir Auskunft darüber, wie du deine Ansprechposition ändern musst, um beim endgültigen Schlag zuerst den Ball und dann den Boden zu treffen.

Das Divot nach dem Probeschwung liegt zu weit rechts vom Ball: Korrigiere deinen Stand um diese Differenz nach links.

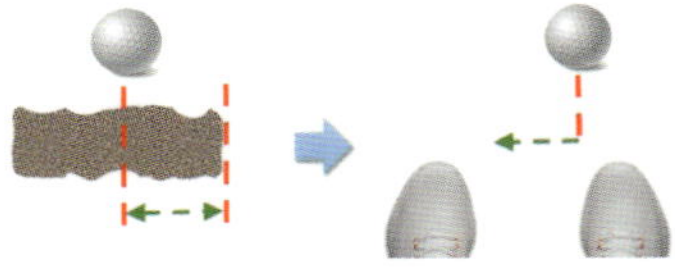

Das Divot nach dem Probeschwung liegt zu weit links vom Ball: Korrigiere deinen Stand um diese Differenz nach rechts.

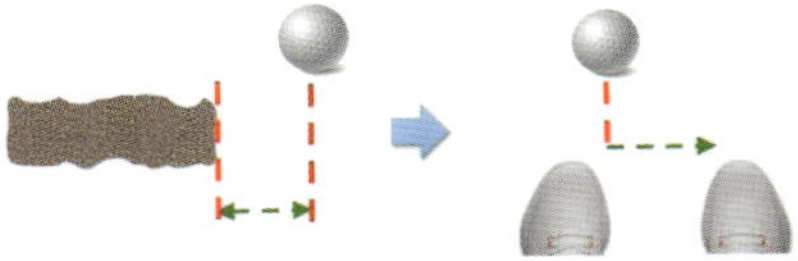

Spielen im Gelände

Ein paar Gedanken über Biomechanik

Bevor du dir Gedanken über Achsen, Hebel und Drehmomente machst: Es gibt eine eiserne Grundregel, und die befolgt jeder (gute) Golfer:

Der linke Arm bleibt beim Ausholen und während des gesamten Golfschlags gestreckt.

Zwei Hebel

Beim Golfschwung kommen zwei Hebel zum Einsatz:

- der Schulterhebel
- der Handgelenkhebel

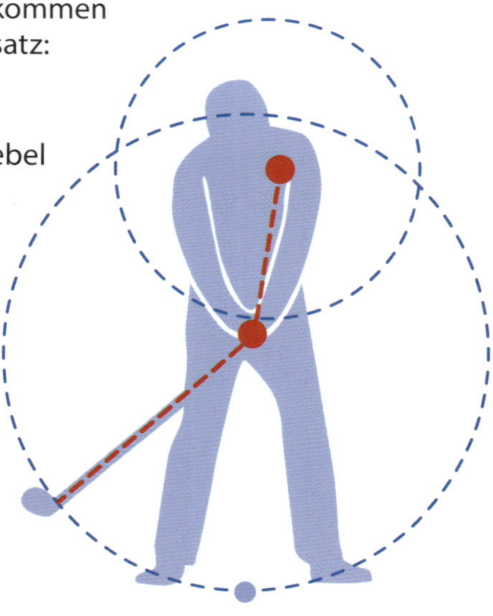

Durch den Einsatz der Hebel entsteht die Schlägerkopfgeschwindigkeit, und die ist maßgebend für die Richtung und Weite des Ballflugs.

Der Golfschwung

Im **vollen Schwung** kommen beide Hebel, kombiniert mit einer Körperdrehung um 90°, zum Einsatz.

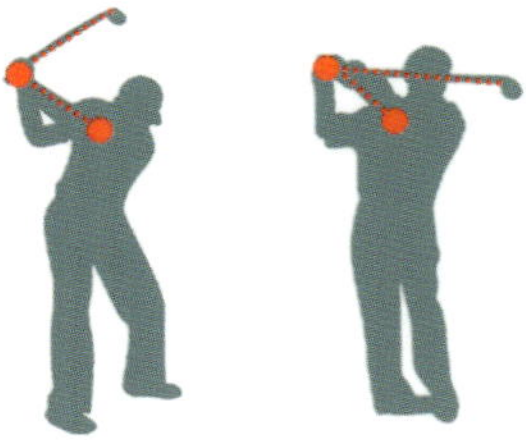

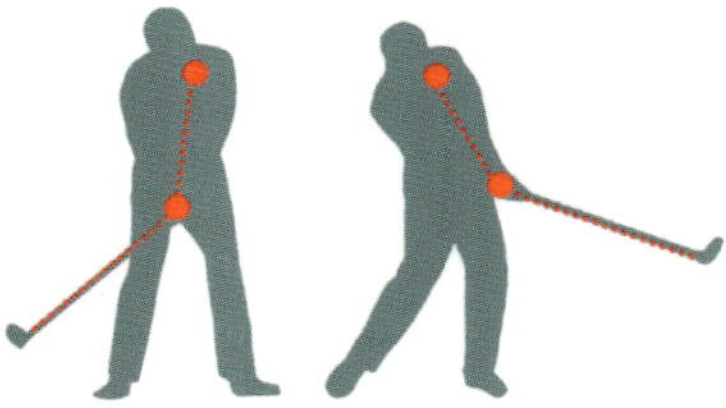

Zum **Pitchen** aktivieren wir ebenfalls beide Hebel, schwingen aber nicht so weit nach hinten und nach vorne zum Ziel.

Auch die Körperdrehung fällt geringer aus.

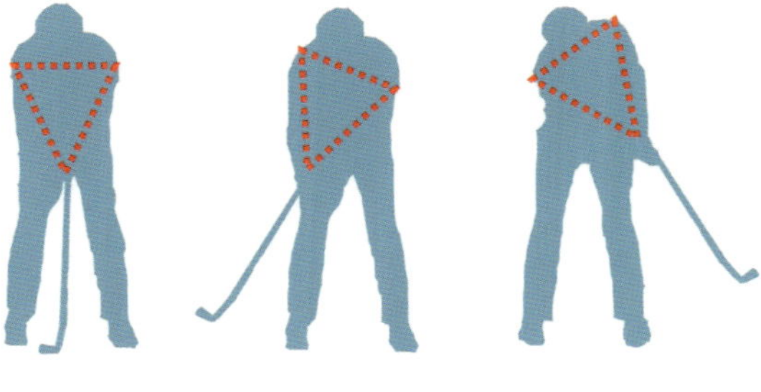

Beim **Putten und Chippen** wird nur der Schulterhebel aktiv, die Handgelenke bleiben in der Ansprechposition.

Spielen im Gelände

Schwierige Lagen – Definition

Dein Ball landet in einem Hang, der bergauf oder bergab geneigt ist. Du stehst entweder über oder unter dem Ball. Das sind die schwierigen Lagen, die ein Golfplatz zu bieten hat.

Stand und Schwung

Je nach Hangneigung musst du näher zum Ball oder weiter weg stehen.

- Stand oberhalb vom Ball: näher zum Ball
- Stand unterhalb vom Ball: weiter weg vom Ball

Nutze deinen Probeschwung, er liefert dir eine sichere Analyse über Stand und Schwung. Passe deine Körperhaltung dem Hang an. Stell dich aber gemütlich hin, nicht verrückt oder verkrampft. Und mach nur, was du körperlich machen kannst.

Übe auf der Driving Range auch aus schwierigen Lagen (hohes Gras, Schräglage, siehe »Clever üben: Schwerpunkttraining«).

Semirough und Rough:
Sicher aus Rough und Semirough: Nimm ein Eisen mehr (Gras »frisst« Eisen). Schwing mit voller Kraft, etwas steiler.

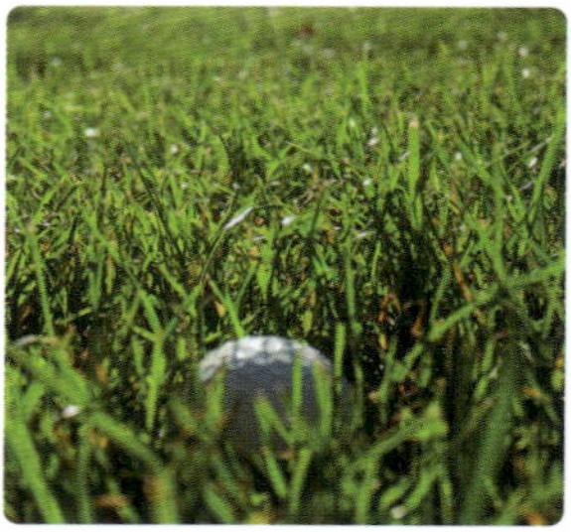

Spiel nicht aus dem tiefen Rough, schone deinen Körper. Nimm einen Strafschlag in Kauf.

Schwierige Lagen

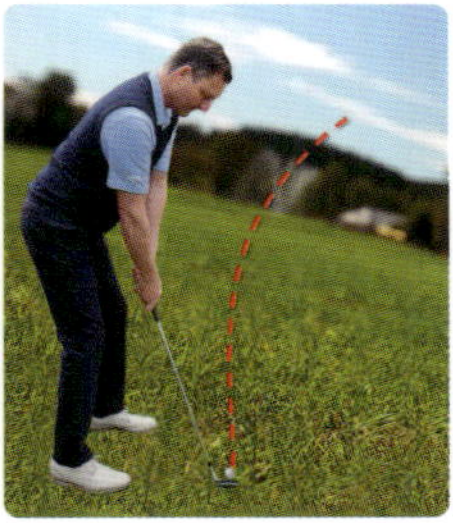

Stand oberhalb:
Der Ball wird tendenziell mehr nach rechts fliegen. Stehst du über dem Ball, achte auf dein Gleichgewicht (nicht nach vorne umfallen). Nimm einen breiteren Stand ein. Ziele etwas weiter nach links.

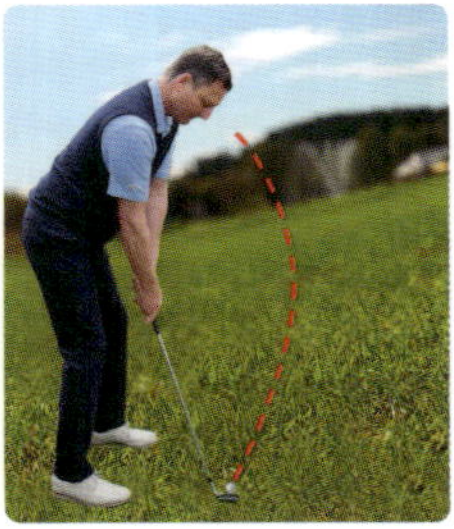

Stand unterhalb:
Der Ball wird tendenziell mehr nach links fliegen. Stehst du unter dem Ball, achte auf dein Gleichgewicht (nicht nach hinten umfallen). Nimm einen breiteren Stand ein. Ziele etwas weiter nach rechts.

Bergauf und bergab spielen:
Spielst du bergauf, sollte der Ball mehr zum linken Fuß liegen. **Spielst du bergab**, sollte der Ball mehr zum rechten Fuß liegen.

Die genaue Lage verrät dir wieder dein individueller Probeschwung. **Schlägerwahl**: pro fünf Meter bergauf/bergab ein Schläger mehr/weniger.

Vorsicht beim Schlag aus dem Rough. Manchmal ist es einfach zu dicht für zarte Handgelenke ...

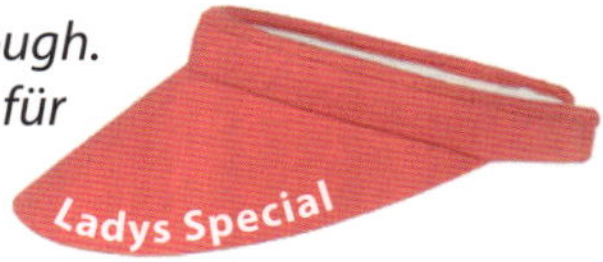

Im Bunker

Dein Ball ist im Bunker gelandet. Es gibt Schlimmeres.

Sand ist nicht gleich Sand

Sieh dir den Bunkersand an:
Ist er fein (Quarzsand) oder grobkörnig, weich, trocken oder feucht vom Regen oder Tau?

Weicher Sand:
Der Schlägerkopf schwingt unter dem Ball hindurch.

Abstand zum Ball: >= 5 cm

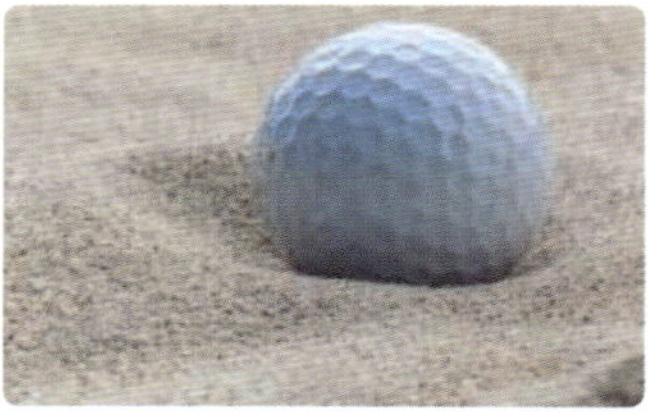

Trockener Sand:
Der Schwung ist etwas flacher, du brauchst aber mehr Schlagkraft.

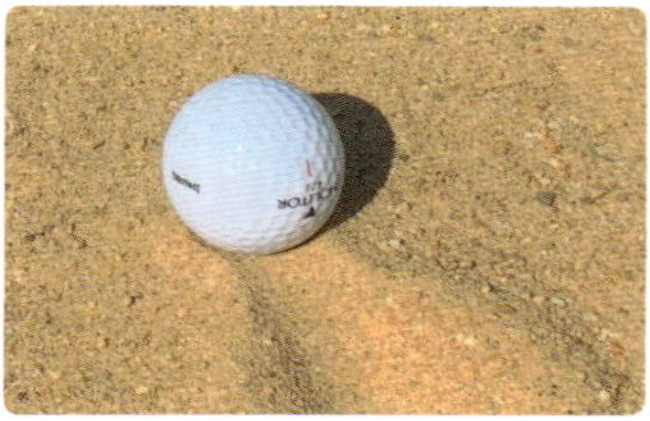

Feuchter Sand:
Kein Abstand zum Ball, die Schwungebene wird steiler, schlag mehr »von oben«. Versuche, erst den Ball zu treffen (fester Chip).

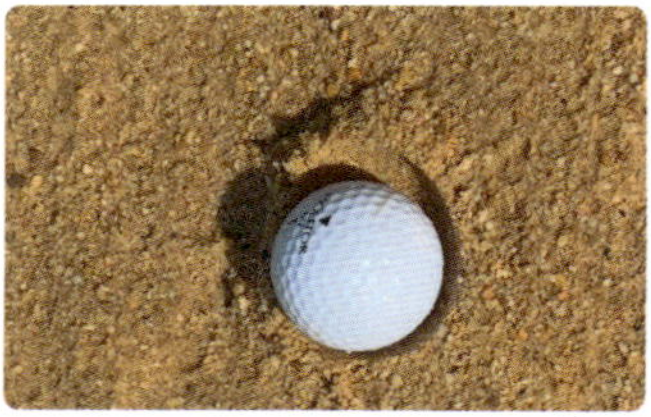

Sand und Stand

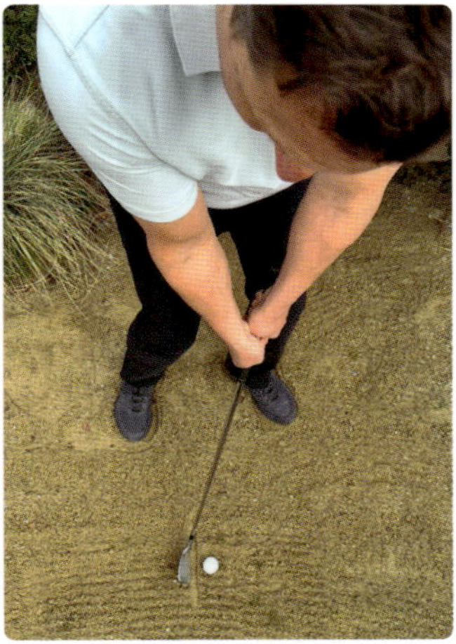

Stell dich etwas breiter und offener hin, sodass der Ball etwas weiter links liegt. Grab die Füße ein, damit du einen festen Stand hast. Das Gewicht ist mehr auf dem vorderen Fuß.

Versuche nicht, den Ball zu treffen, sondern immer den Sand (mindestens 5 cm hinter dem Ball). Im Bunker gibt es keinen Ballkontakt!

Nimm das Sand Wedge oder – um besonders steil aus dem Bunker zu kommen – ein 60° Wedge.

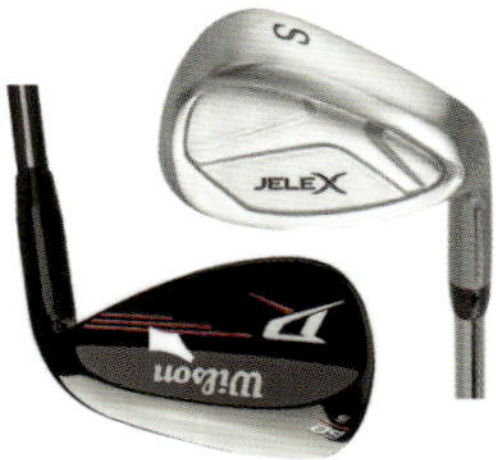

Mach deinen Probeschwung mit viel Graskontakt außerhalb vom Bunker. Mach keinen Probeschwung im Bunker, du übst nur einen »Luftschlag« ein!

Bunker? Kann ich. Einfach beim Abschwung beschleunigen und ganz durchziehen!

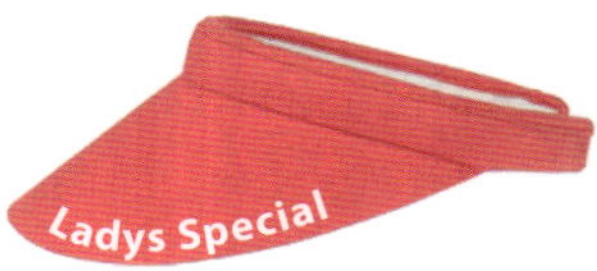

Im Bunker

Keine Angst vor dem Toppen! Schau nicht auf den Ball, sondern visiere die Stelle im Sand an, die du treffen willst.

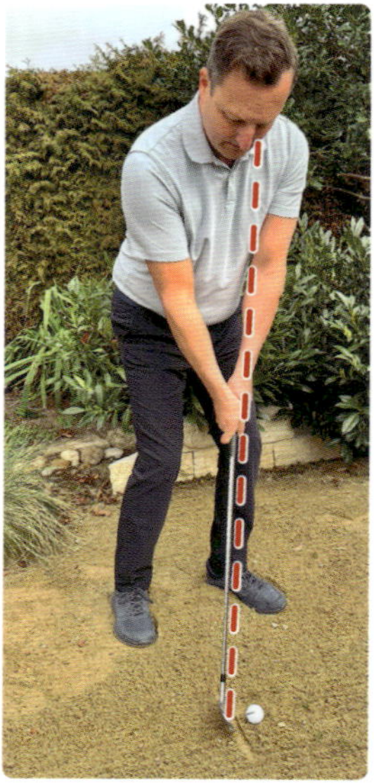

Der Bunkerschlag ist ein Pitch. Schwing mit Selbstvertrauen durch, lass den Schläger zum Ziel fliegen.

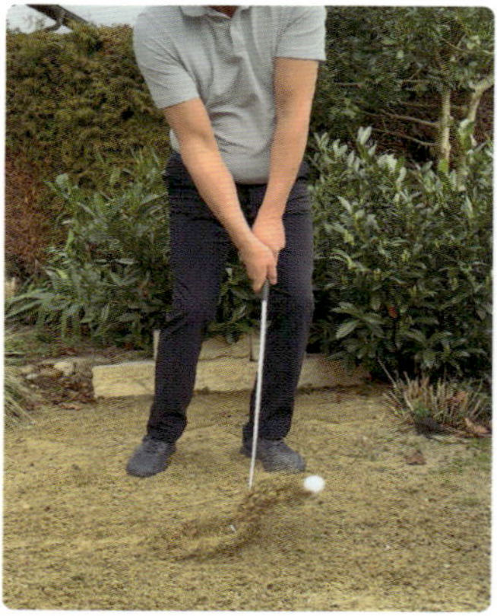

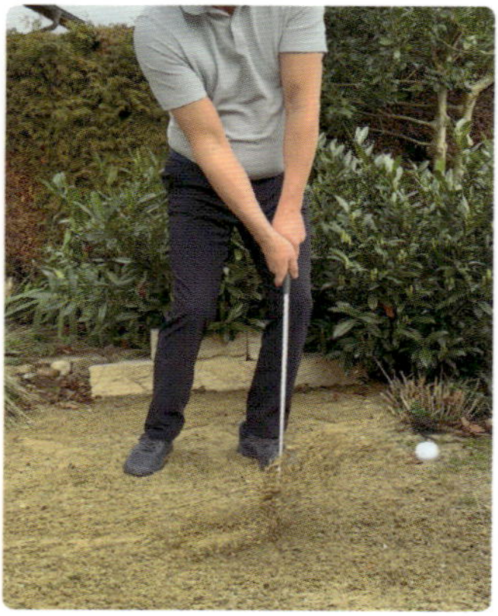

Sicher aus dem Bunker

Nimm dir nur vor, sicher aus dem Bunker aufs Grün zu kommen. Spiel nicht auf Länge und versuche nicht, die Fahne anzuspielen.

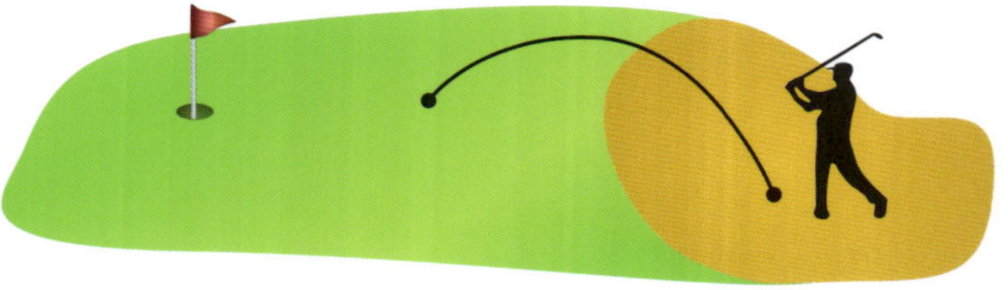

Fairway-Bunker

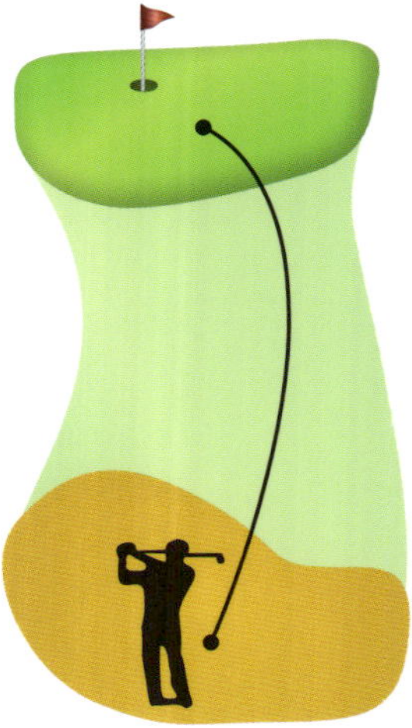

Hier musst du den Ball zwar auch aus dem Bunker befördern, trotzdem solltest du »auf Länge« spielen.

Nimm am besten ein Rescue-Holz (5 oder 7). Greif etwas kürzer. Der Ball liegt etwas mehr am hinteren Fuß.

Versuche, den Ball zu treffen, nicht den Sand. Toppen ist okay!

Übe deine Bunkerschläge regelmäßig auf der Range (siehe »Clever üben: Schwerpunkttraining«). Versuche, jeden Ball maximal 10 m aus dem Bunker zu befördern, spiel nicht auf verschiedene Distanzen. Trainiere nur diesen einen Bunkerschlag.

Kurzes Spiel

Das kurze Spiel ist der Schlag zum Grün. Eigentlich gehören auch der Bunkerschlag und das Putten dazu, lasst uns hier aber nur über das Pitchen und Chippen reden.

Wann kurzes Spiel?

Du kennst die Entfernung, die du mit deinem kürzesten Schläger (Sand Wedge, 60° Wedge) spielen kannst. Das ist die maximale Entfernung für einen vollen Schwung, alles darunter ist dein kurzes Spiel. Dazu wechselst du zum Pitch oder Chip.

Beispiel: Du schlägst deinen Wedge 60 m weit. Dein Ball liegt 40 m vom Grünrand entfernt. Nimm deinen Wedge (immer den gleichen Schläger benutzen!) und pitche oder chippe Richtung Fahne. Liegst du 80 m vom Grün entfernt, nimm den Schläger, mit dem du 80 m schlägst (Sand Wedge), und mach einen vollen Schwung.

Chippen oder Pitchen?

Mit dem Chip spielst du den Ball in einer flachen Flugkurve Richtung Ziel. Er wird noch eine Weile rollen, idealerweise hinter die Fahne.

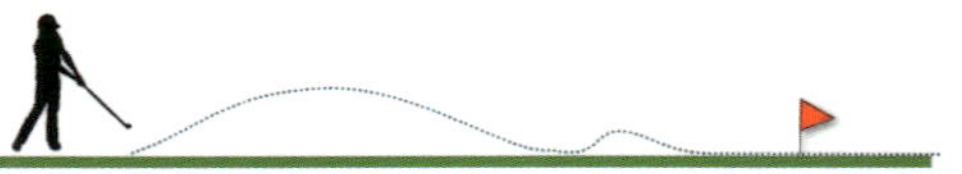

Du spielst einen Pitch, wenn der Ball höher fliegen und weniger rollen soll, weil du zum Beispiel über einen Bunker oder über Wasser spielst. Oder weil du wenig Platz zum Ausrollen hast.

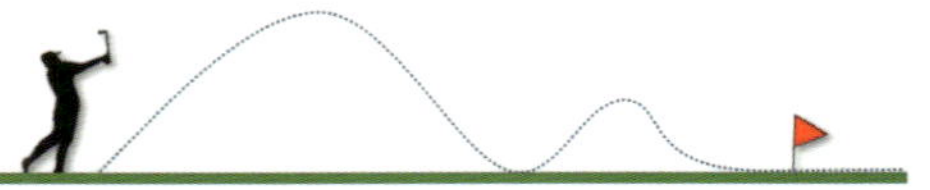

Erkenne dein Potenzial (WICHTIG)

Was ist dir in deinem persönlichen Golfspiel am wichtigsten? Ein Driver-Schlag, der den Ball über 200 m fliegen lässt, oder der Schlag auf das Grün mit einem kurzen Eisen, der den Ball so sicher an die Fahne befördert, dass ein einziger Putt ausreicht?

Die Natur oder deine körperliche Verfassung verhindert vielleicht, dass du mehr Länge aus deinem Driver-Schlag herausholst. Aber es gibt keine Einschränkung, die dir verbietet, aus 50 m oder 40 m den Ball ans oder gar ins Loch zu befördern.

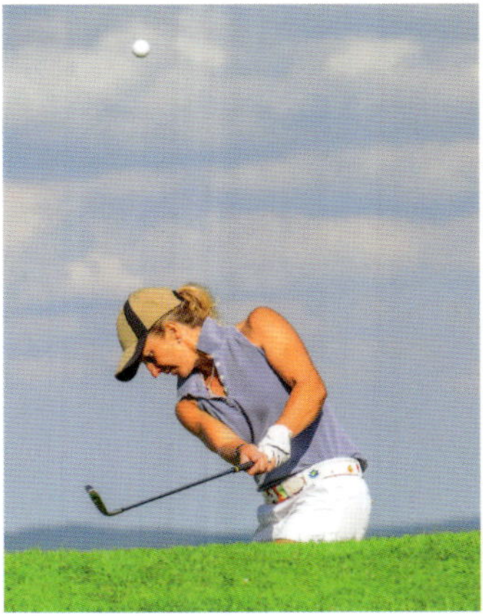

Kurzes Spiel und **Putten** sind die wichtigsten Disziplinen im Golf. Plane auf der Driving Range für das Pitchen und Chippen mindestens genauso viel Zeit ein wie für das »lange« Spiel mit Driver und Hölzern. Du wirst nicht nur dein Handicap verbessern, sondern wesentlich mehr Spaß am Golf haben.

Lass dir keine falschen Längen einreden. Männer spielen besonders die kurzen Schläge ca. 20 m weiter.

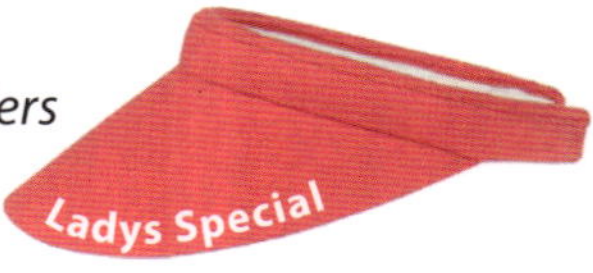

Pitchen – Definition

Der Pitch ist das Anwenden des doppelten Hebels ohne Körperdrehung. Die Arme und das Handgelenk arbeiten. Wenn du das Handgelenk nicht im Treffermoment abwinkelst, ist es ein Chip.

Pitchen (engl. to pitch = werfen) ist mehr Werfen als Schlagen. 2/3 des Weges legt der Ball in der Luft zurück, 1/3 rollt er auf dem Grün. Der Pitch bekommt den Vorzug vor dem Chip, wenn dieser zu kurz wäre oder ein langes Ausrollen des Balls über Bunker, Wasser o. Ä. nicht möglich ist.

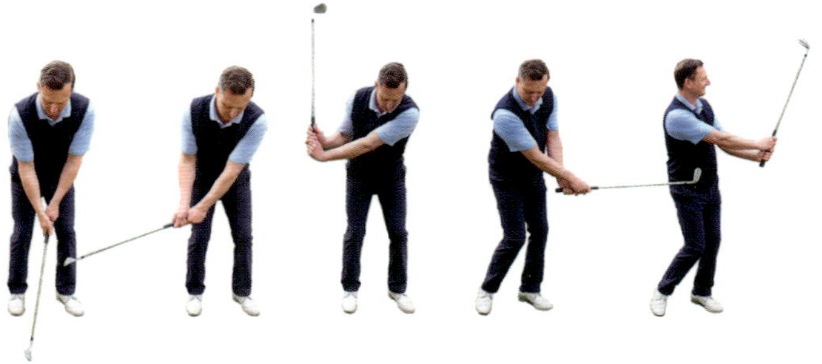

Welcher Schläger?

Voraussetzung ist, dass du weißt, welche Längen du mit deinen Schlägern erzielst. Beispiel: Du schlägst den Ball mit dem Pitching Wedge 100 m weit. Für einen Pitch aus 60 m wäre es jetzt falsch, den Pitching Wedge zu nehmen und einen »reduzierten« Schwung auszuführen. Nimm den kürzesten Schläger (Wedge) und mach einen vollen Schwung.

Der Schwung

Nimm einen bequemen Stand ein, schulterbreit, mit dem Ball an der (über den Probeschwung ermittelten) optimalen Position. Lass die Arme hängen. Die Hände sind ein wenig vor dem Ball.

Dreh den Oberkörper auf, Arme, Hände und Schläger werden mit der Drehung mitgenommen. Am höchsten Punkt sind die Handgelenke abgewinkelt, Schläger und linker Arm bilden einen 90°-Winkel, der Schaft zeigt zum Ball.

Schwing von innen nach außen durch den Ball, lass die Arme dabei eng am Körper. Die Hüfte dreht sich Richtung Ziel, die Handgelenke lösen im Treffmoment auf. Der Durchschwung ist länger als der Rückschwung (1/3 zu 2/3).

Im Finish zeigt die Gürtelschnalle zum Ziel, der Körper hat sich um 90° gedreht. Der linke Arm und der Schläger bilden wieder einen 90°-Winkel.

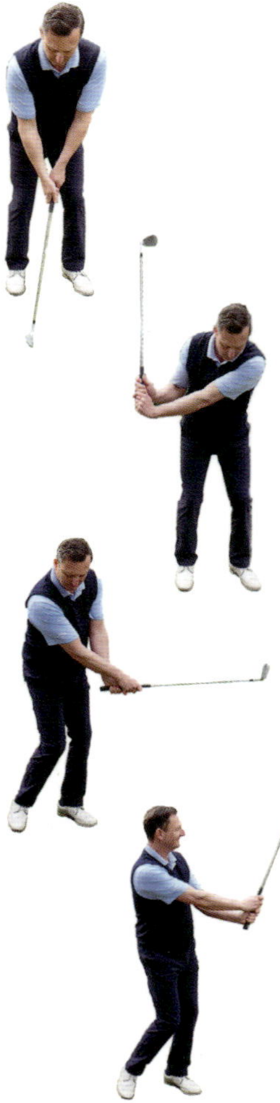

Mit kurzen Schlägern üben
Übe das Pitchen nur mit deinen kürzesten Schlägern. Die Lücke zwischen dem längsten Chip und dem kürzesten Vollschwung ist der Pitch.

Hinter die Fahne spielen
Schau dir das Ziel an: Wie weit muss der Ball fliegen? Wie viele Meter muss er rollen, damit er hinter dem Loch liegen bleibt? Der ideale kurze Schlag auf das Grün: Der Ball kommt vor dem Loch auf und rollt am Loch vorbei (oder geht rein).

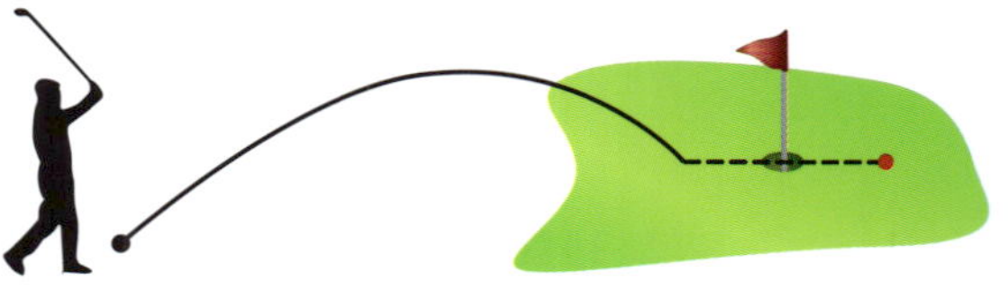

Niemals die Fahne anschauen
Such dir vor dem Pitch die Landezone vor der Fahne und visiere nicht die Fahne selbst an. Füttere dein Gehirn mit der richtigen Information. Wenn du die Fahne anschaust, bekommt es den Befehl, an die Fahne zu spielen.

Handgelenke nicht überdehnen
Die Handgelenke sind auf dem höchsten Punkt des Rückschwungs und des Durchschwungs maximal parallel zum Boden.

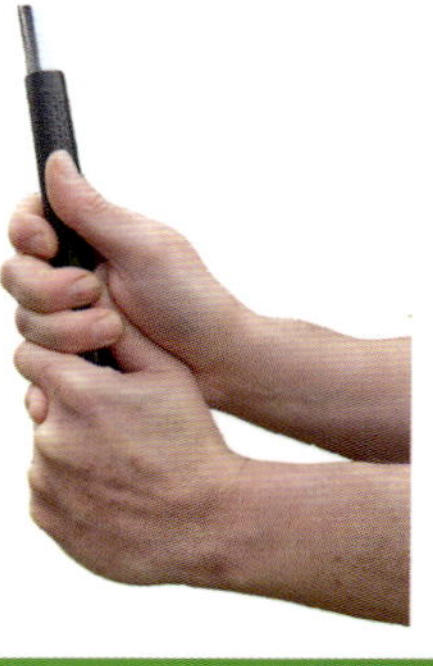

Tipps zum Pitchen

Ein halber Schlag statt ein Pitch?
Du hast gehört, dass es eine gute Idee sei, den Ball aus kurzer Distanz statt zu pitchen mit einem Eisen 7, 8 oder 9 an den Grünrand zu spielen und aufs Grün rollen zu lassen. Ist das ein guter Tipp?

Nein! Warst du schon auf dem Grün, hast du es gelesen? Weißt du denn die Stelle, wo dein Ball aufkommen wird, und wie weit er rollen wird? Ein hoher Ball, der wenig rollt und um die Fahne herum liegen bleibt, macht doch mehr Sinn als ein nicht berechenbarer »halber« Schlag ins Grün.

Mit Backspin pitchen
Wenn dein Ball nach der Landung auf dem Grün so wenig wie möglich oder gar nicht mehr rollen soll, musst du mit Backspin spielen. Leg dazu den Ball etwas mehr zum linken Fuß und spiel mit deutlich geschlossenem Schlägerblatt.

Angst vor dem Toppen?
Wenn du Angst davor hast, den Ball zu toppen, schiebe die Hände etwas vor den Ball. Fixiere den Ball nicht auf der Oberfläche, sondern hinten rechts. Damit bekommt das Gehirn den Befehl, ihn dort und nicht oben oder in der Mitte zu treffen. Beuge das linke Knie ein wenig, damit die Hüfte nicht blockiert.

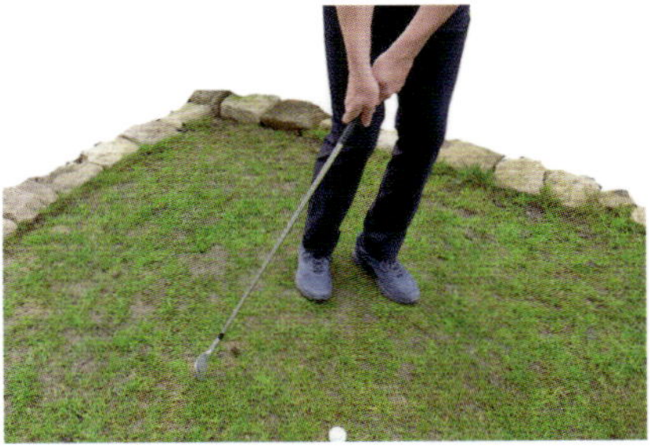

Chippen – Definition

Der Chip ist die Anwendung des einfachen Hebels, nämlich des Schulterhebels.

Der Chip ist eine Puttbewegung mit weniger Ausholen. Das Handgelenk bleibt bei der gesamten Aktion gestreckt und wird nicht wie beim Pitch angewinkelt.

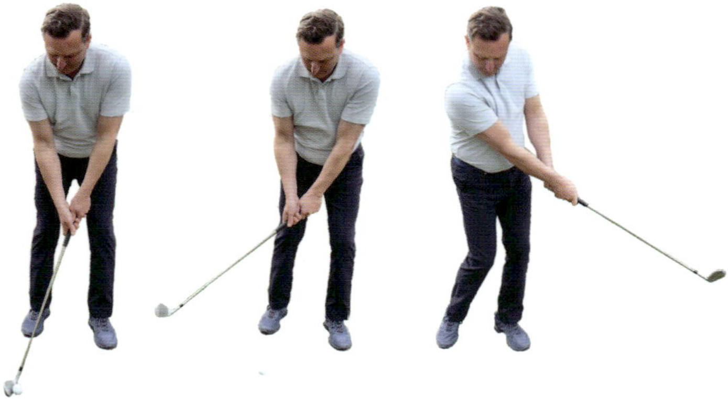

Welcher Schläger?

Spiel den Chip mit deinem kürzesten Schläger. Beispiel: Du hast mit dem Wedge 60 m. Für 40 m nimmst du einen Wedge und spielst einen halben Schlag.

Chippen

Der Schwung
Stell dich schulterbreit mit dem Ball mittig zwischen den Füßen. Das Gewicht ist zu 90 % auf dem linken Fuß, die Arme hängen locker nach unten. Die Hände sind vor dem Ball.

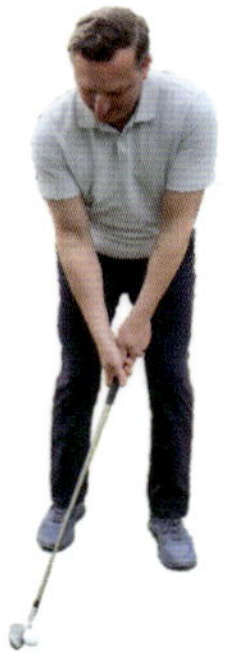

Der Kopf bleibt während des gesamten Schwungs unten, die Augen zeigen zum Ball.

Dreh den Oberkörper maximal um 45 Grad.

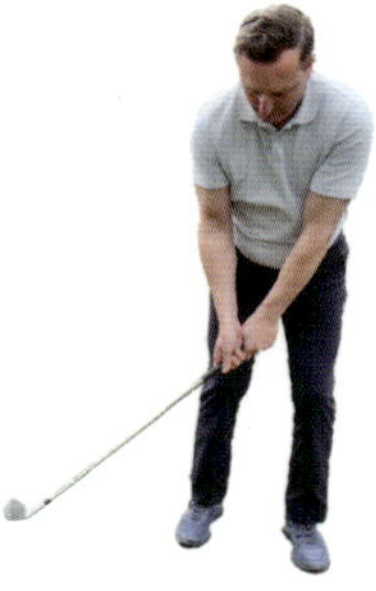

Arme, Hände und Schläger werden mit der Drehung mitgenommen, die Handgelenke bleiben gerade, höchstens leicht angewinkelt. Schwing locker durch bis zum Finish.

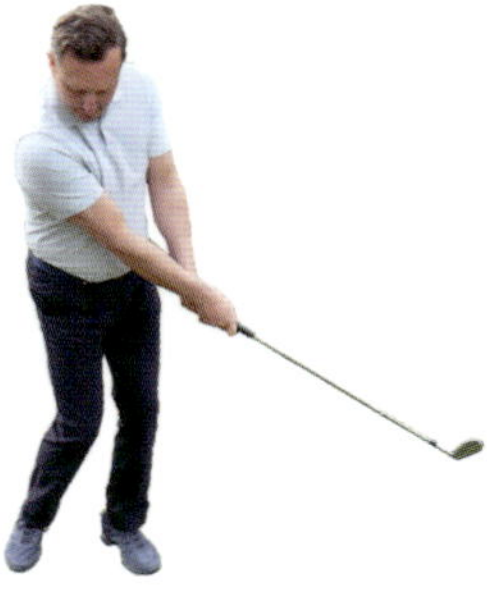

Tricks beim Chippen

Nimm immer den gleichen Schläger.

Mach ruhig mehrere (4–5) Probeschwünge, bis du das Gefühl für den Schwung hast.

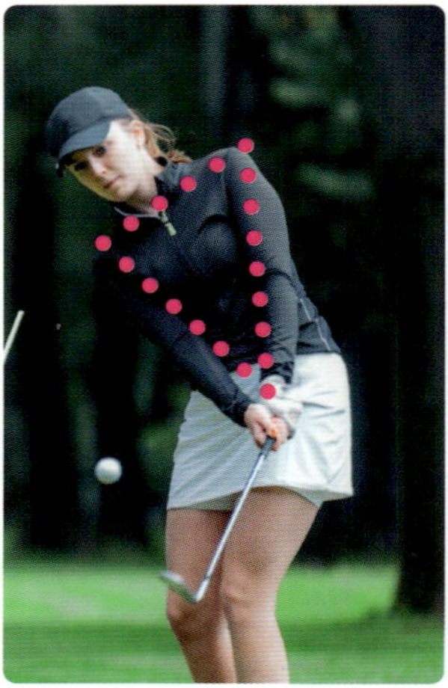

Wenn du beim Üben häufiger toppst, leg den Ball etwas mehr zum hinteren (rechten) Fuß.

Die Arme bleiben beim Chippen gestreckt und passiv, sie werden nur mit der Schulterrotation aktiv. Stell dir vor, sie bilden ein Dreieck, das zu keiner Zeit aufgelöst wird.

Chip nach der Uhr

Für lange oder kurze Chips stellst du das Zifferblatt einer Uhr vor. Mach einen Chip von 9 Uhr nach 3 Uhr oder einen halben Chip von 8 Uhr nach 4 Uhr.

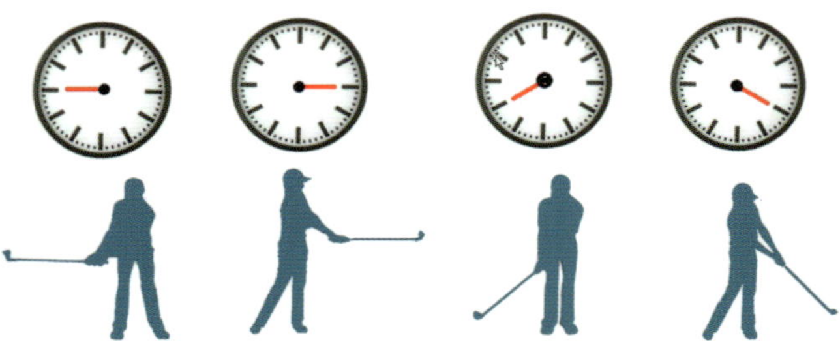

Tipps zum Chippen

Ein Chip, zwei Phasen
Der Chip hat eine Flugphase (Air Time) und eine Rollphase (Ground Time). Triffst du den Ball optimal, werden beide Phasen wiederholbar lang sein. Deshalb musst du kurze, mittlere und lange Chips üben:

- **Langer Chip: bis maximal 30 m**

- **Mittlerer Chip: 10–15 m**

- **Kurzer Chip: ca. 5 m**

Das Resultat deiner Übung ist das Wissen darüber, wo der Ball bei dir landen soll (Landezone), damit er danach noch kurz hinter die Fahne rollt (siehe »Clever üben«).

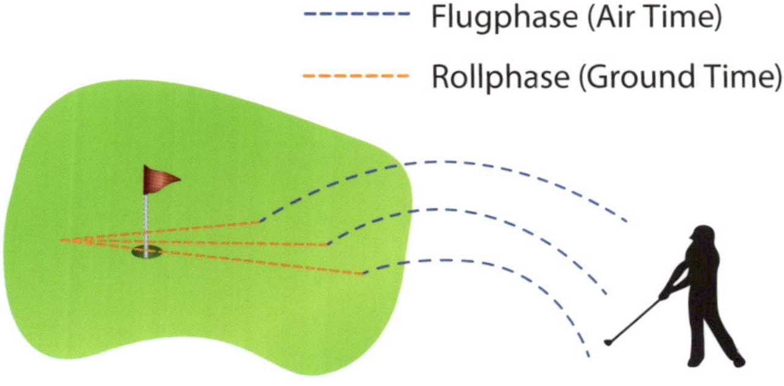

Denk an die geringere SKG. 20 m könnte zu lang für einen Chip sein, spiel lieber einen sicheren Pitch.

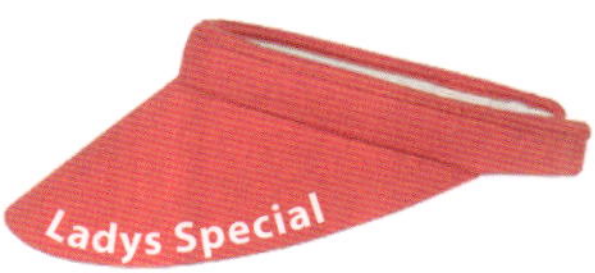

Kurzes Spiel

Putten

Der Puttergriff

Dickere Griffe sind zu empfehlen, weil die Hände ruhiger bleiben. Aber du musst dich damit wohlfühlen. Wähle einen Griff, bei dem du das Gefühl hast, dass deine Handgelenke nicht arbeiten müssen.

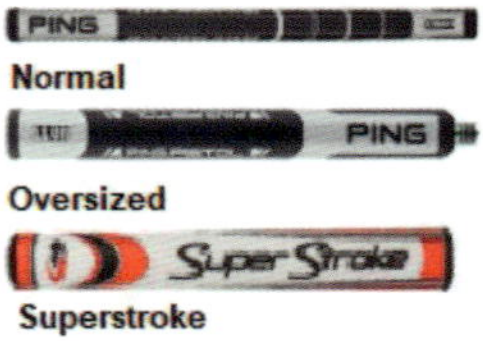

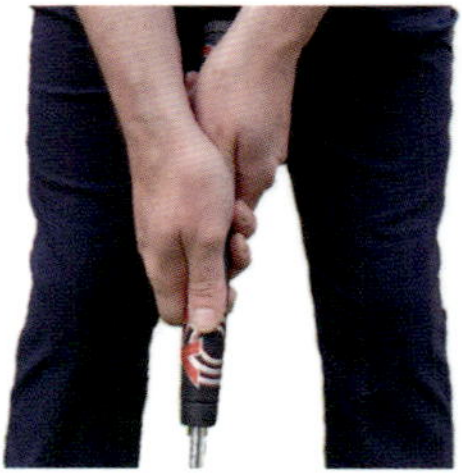

Richtig greifen

Greif den Putter so, dass es sich angenehm anfühlt. Nimm den Griff nur dann kürzer, wenn du das geübt hast.

Der Stand

Stell dich immer gleich hin, nicht zu breit und nicht zu eng. Der Oberkörper ist leicht gebeugt, die Knie sind leicht angewinkelt, der Ball liegt unter dem linken Auge.

Der Puttschwung

Mach eine Pendelbewegung mit dem Dreieck aus Armen und Schulter 1/3 Rückschwung, 2/3 Durchschwung. Die Handgelenke bleiben steif, der Kopf bleibt unten.

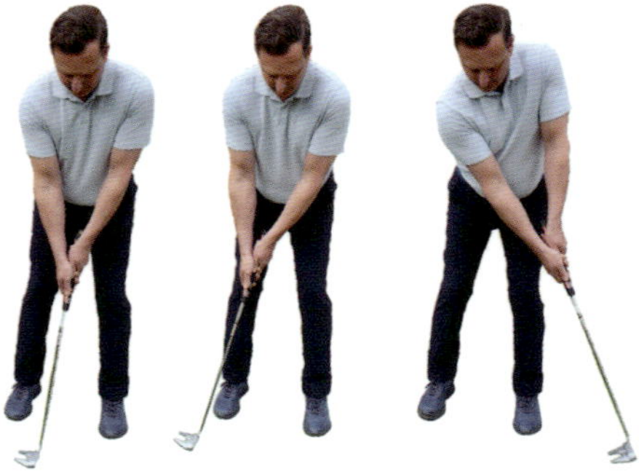

Der Puttschwung

Die Puttroutine

Die Puttroutine hilft dir, die nötige Konzentration aufzubauen. Schau den Profis zu, wie sie den Puttschwung mit immer gleichen Schritten zelebrieren.

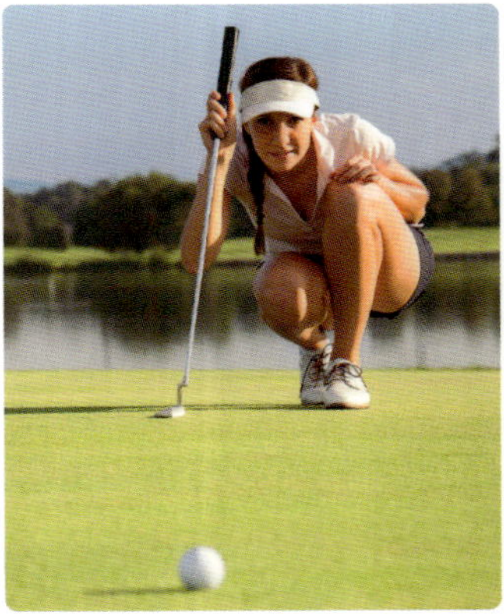

- Lies die Puttlinie, wenn nötig von mehreren Seiten, auf jeden Fall aber hinter der Fahne zum Ball.
- Leg den Ball so hin, dass die Zahl rechts liegt und die Schrift zur Puttlinie zeigt.
- Nimm deinen Ballmarker auf und stell dich für den Probeputt auf. Mach vor dem Ball eine leichte Pendelbewegung.
- Schau noch einmal durch die Puttlinie zum Ziel und fixiere den Ball wieder. Mach deinen Puttschwung. Lass den Kopf unten und warte, bis der Ball ins Loch gefallen ist.
- Wirf deinen Ball in die jubelnde Menge.

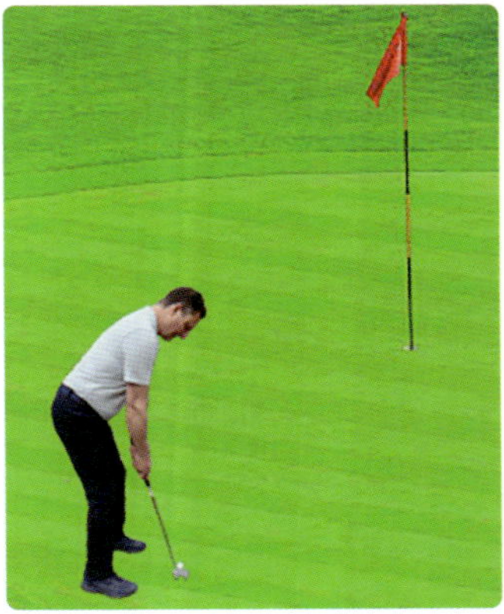

Putten

Der Ball

Übe immer mit derselben Ballsorte. Ein harter Ball rollt wesentlich weiter als ein weicher Ball. Übst du mit einem harten Ball, wirst du das falsche Gefühl haben, wenn du auf der Runde einen weichen Ball spielst.

Ball markieren

Nimm einen auffälligen Ballmarker. Bei schlechtem Wetter (Regen) kann es passieren, dass du die kleine Marke nicht mehr findest.

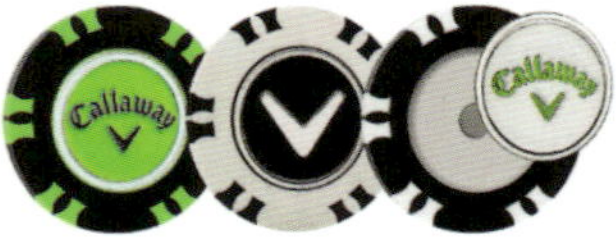

Musst du deinen Ballmarker versetzen, verwende einen andersfarbigen, auffälligen Ballmarker, damit du das Zurücklegen nicht vergisst.

Zielen

Beim Putten immer hinter das Loch zielen.

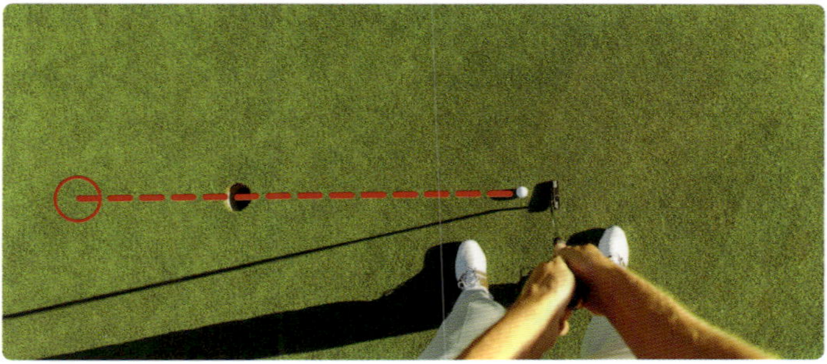

Grünbeschaffenheit

Morgens ist das Grün schneller als nachmittags (Tau). Das Gras wächst zur Sonne. Pass deine Putts dem Wetter an.

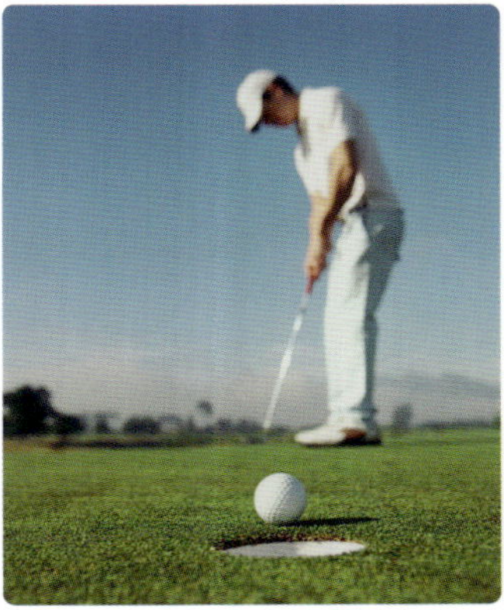

Über den gesamten Zeitraum des Puttschwungs: **Kopf unten lassen!**

Warum? Wenn du nachschaust, dreht sich der Körper, der Ball beschleunigt und geht nach links. Warte auf das Geräusch, wenn der Ball ins Loch fällt, bevor du nachsiehst!

Breaks lesen

Lies die Breaks auf dem Grün und stell deinen Putt darauf ein. Bergauf hast du weniger Break als bergab.

Aber: Wichtiger als Richtungskontrolle ist Distanzkontrolle. Übe zu 70 % Distanzkontrolle und 30 % Breaks lesen. Distanz ist wichtiger als Richtung.

Immer über die Pro-Seite

Die Pro-Seite ist die Seite des Lochs, die höher liegt. Wenn du beim Lesen der Puttlinie einen Break von links nach rechts erkennst, ist die linke Seite die Pro-Seite. Spiel deine Putts immer über die Pro-Seite.

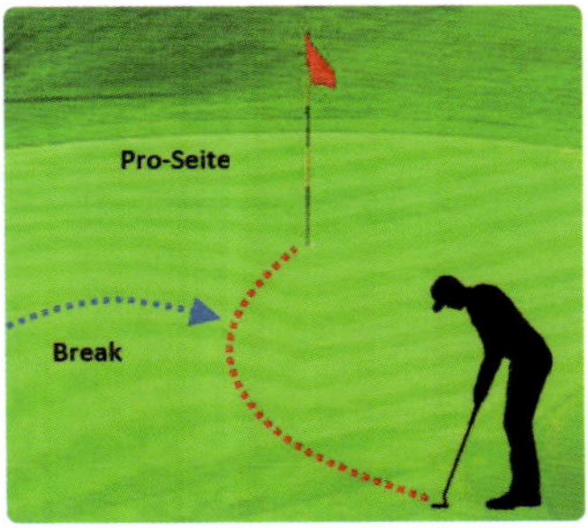

Putten

Sicher wirst du wie jeder Golfer auf jeder Runde unterschiedliche Längen zu putten haben. Aber – wie meisterst du diese?

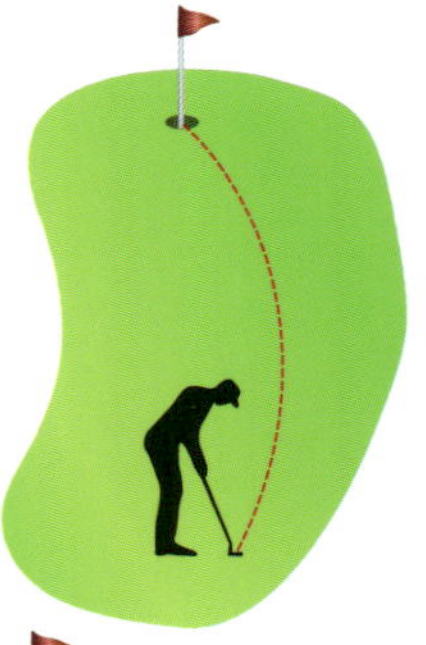

Lange Putts (> 1 m):
Spiel in einem leichten Bogen Richtung Pro-Seite. Es gilt: nur Distanzkontrolle oder 90 % Distanz, 10 % Lesen. Nicht auf Einlochen spielen, der Ball soll möglichst nah am Loch liegen bleiben.

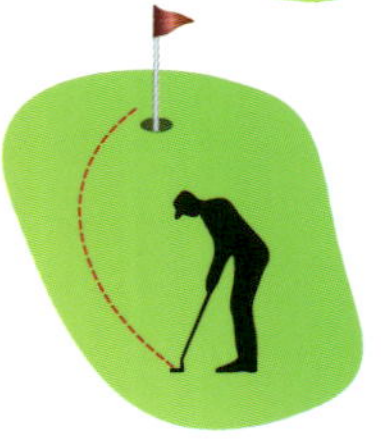

Mittlere Putts (< 1 m):
Lies die Breaks, spiel über die Pro-Seite hinter das Loch.

Kurze Putts (< 30 cm):
Jetzt musst du keine Breaks mehr lesen. Halt auf die Mitte des Lochs an und spiel den Ball schnell und zügig, sodass er keine Chance hat »wegzubrechen«.

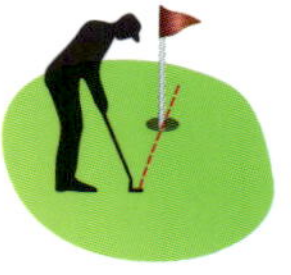

Sehr lange Putts, die nicht mehr mit dem Putter kontrollierbar sind, spielst du am besten mit einem Rescue-Holz.

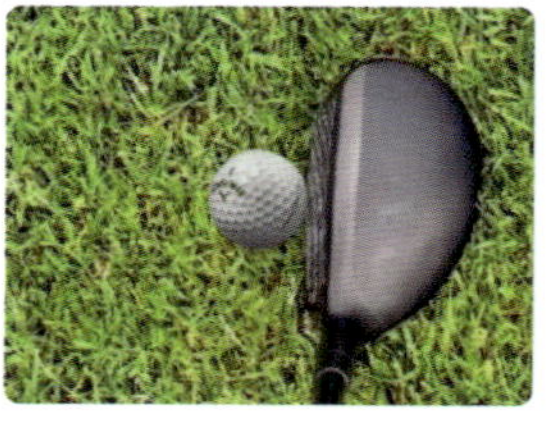

Die Distanz

Dein geniales Puttpendel
Vielleicht kennst du das: Du schätzt die Distanz zur Fahne, hast aber kein Gefühl, wie weit du ausholen musst, um den Ball ins Loch zu spielen. Wenn du ein sicheres Puttpendel für jede Länge haben willst, dann übe diesen Megatrick ein:

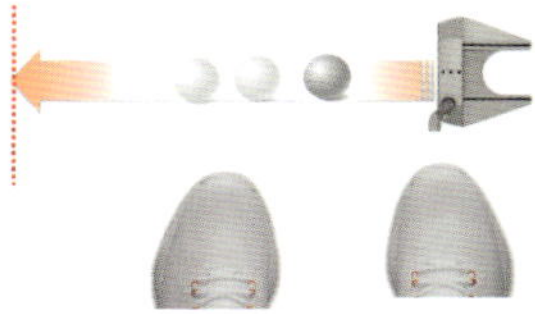

Mach diese Ausholbewegung auf dem Putting-Green: Hol bis zur Fußspitze deines rechten Fußes aus und zieh den Puttschwung durch.

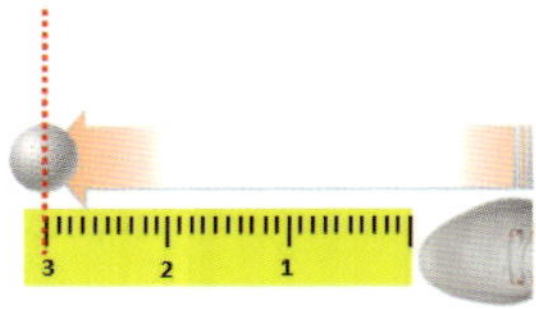

Miss die Distanz bis zum Ball, zähl die Schritte. Beispiel: Dein Standardpendel befördert den Ball drei Schritte weit.

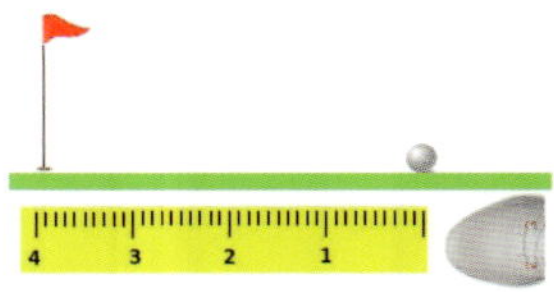

Liegt dein Ball auf dem Grün, zählst du die Schritte vom Ball bis zur Fahne.

Jetzt kannst du dein Puttpendel anpassen:

- Anzahl Schritte zur Fahne > Schritte Standardpendel: etwas weiter als bis zur rechten Fußspitze ausholen
- Anzahl Schritte zur Fahne < Schritte Standardpendel: etwas weniger als bis zur rechten Fußspitze ausholen

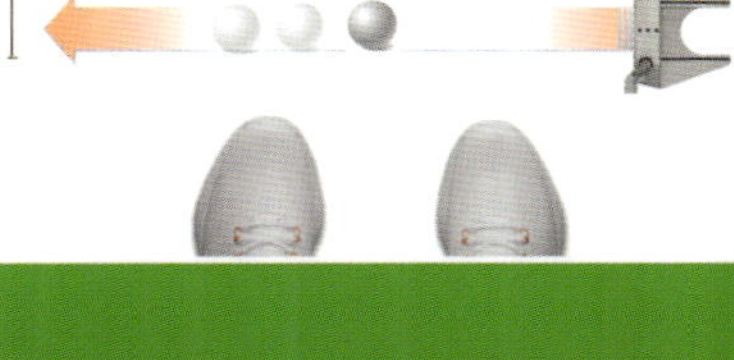

Clever üben

Frag dich doch einmal: Warum übe ich eigentlich? Und was soll ich üben? Antworte mit Gegenfragen: Mit welcher Aufgabenstellung verbringe ich die nächste Dreiviertelstunde auf der Range? Welches Ziel nehme ich mit auf die Range?

1. Übungsziel: Entscheidend ist, dass du zuerst den Ball und dann den Boden triffst

Wo musst du dich platzieren, damit dein Werkzeug zuerst den Ball und dann den Boden trifft? Deine Übungsschläge verraten dir, was du falsch machst.

2. Übungsziel: Finde deine Weiten

Du übst mit verschiedenen Schlägern, um deine individuelle Weite für Driver, Holz und Eisen herauszufinden.

3. Baue Kondition auf

Dein Basiskönnen muss 18 Löcher abrufbar sein. Übe intensiv alle Varianten des Golfspiels. In Disziplinen, in denen du bereits ein gutes Niveau hast, versuche, dieses zu halten. Wo sich Schwächen auftun, übst du umso intensiver.

4. Üben mit der Topografie

Es macht wenig Sinn, auf der Range nur Abschläge zu üben. Du wirst hohes Gras, Sand und schwierige Lagen vorfinden. Versuche, diese Situationen auf der Range zu simulieren. Such dir hohes Gras, chippe in Schräglage und jage den Ball aus dem Übungsbunker.

Üben mit Pre-Shot-Routine

Wenn du einen Korb Bälle ausschüttest und einen Ball nach dem anderen auf die Range schlägst, simulierst du keine Situation, die du auf dem Platz vorfindest.

Das Geheimnis heißt Pre-Shot-Routine: Übe auf der Driving Range, als würdest du auf dem Platz stehen:

1. Stell dich ca. 3 m hinter den Ball.
2. Visualisiere den geplanten Schlag.
3. Stell dich an den Ball und mach einen Probeschwung.
4. Übertrage das Wissen vom Probeschwung auf den Ball.

Schau dir die Pre-Shot-Routine der Profis an: Jeder hat seine eigene individuelle. Erarbeite auch du für dich deine Pre-Shot-Routine, die dir hilft, dich optimal auf den Schlag zu konzentrieren.

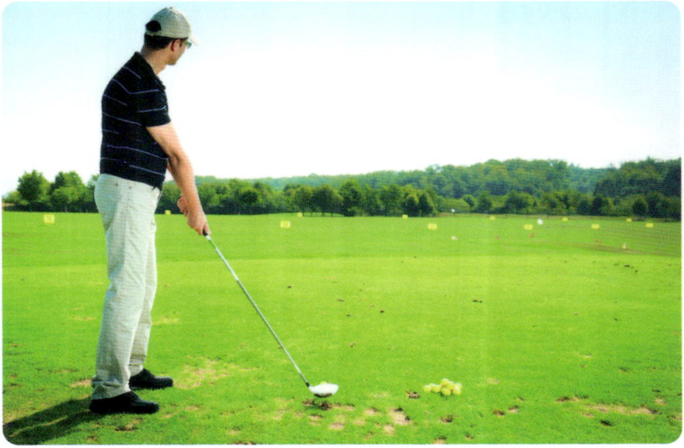

Üben von der Matte

Jede Driving Range ist mit Abschlagmatten ausgestattet, bei schlechter Witterung ist das Abschlagen oft auch nur von diesen erlaubt. Wenn möglich, solltest du nicht von der Matte spielen. Du hast keine gute Kontrolle über das Treffmoment, auch schlecht getroffene Bälle fliegen noch einigermaßen weit.

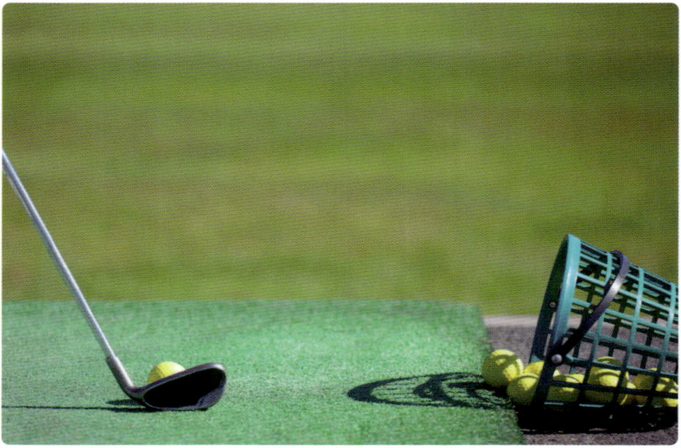

Frauen üben oft lieber von der Matte, weil sie nicht gern Gras kaputtmachen. Außerdem haben sie mehr Angst vor Schmerzen. Aber: Zu viel Spiel von der Matte forciert dünn getroffene Bälle. Und: Die Matte macht die Handgelenke kaputt.

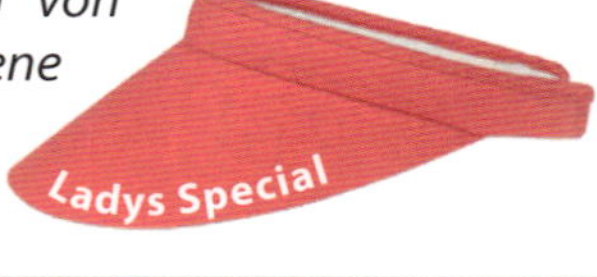

Rangebälle

Für die Driving Range brauchst du natürlich Rangebälle. Die sind logischerweise qualitativ schlechter als deine Golfbälle. Für Übungsschläge mit dem Driver, den Hölzern oder den »langen« Eisen sind sie indessen gut genug.

Chippen, Pitchen und Putten solltest du auf keinen Fall mit Rangebällen üben. Du benutzt einen abgenutzten, schlechten Ball, um dein kurzes Spiel zu verbessern. Gehst du anschließend auf die Runde oder spielst du ein Turnier, spielst du einen Ball, der an deine Schlägerkopfgeschwindigkeit angepasst ist und ein völlig anderes Flug- und Rollverhalten hat.

Pitchen und Chippen mit andersfarbigen Bällen

Du hast dir von den Bällen, die zu deinem Spiel passen, auch 2 Dutzend in einer anderen Farbe gekauft (siehe »Golf Basics«).

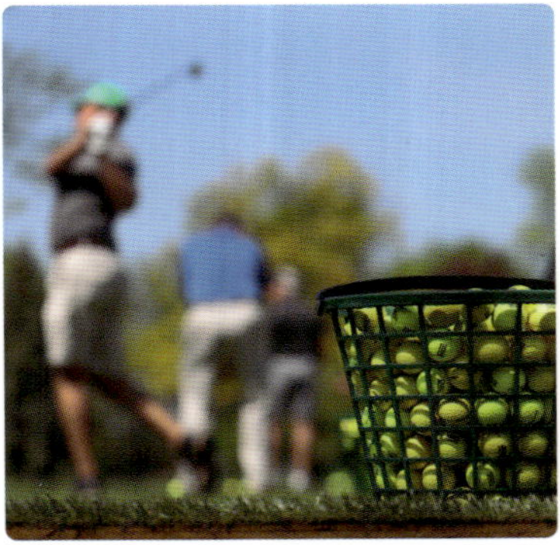

Übe mit diesen Bällen dein kurzes Spiel. Da sich deine Trainingsbälle genauso verhalten wie deine Spielbälle, trainierst du optimal, und außerdem wirst du deine Bälle auf dem Übungsgrün besser erkennen und auswerten können.

Schwerpunkttraining

Dieses Sondertraining solltest du zum Abschluss der Einspielphase oder beim Training auf der Range anwenden, um dein Golfspiel gezielt zu verbessern.

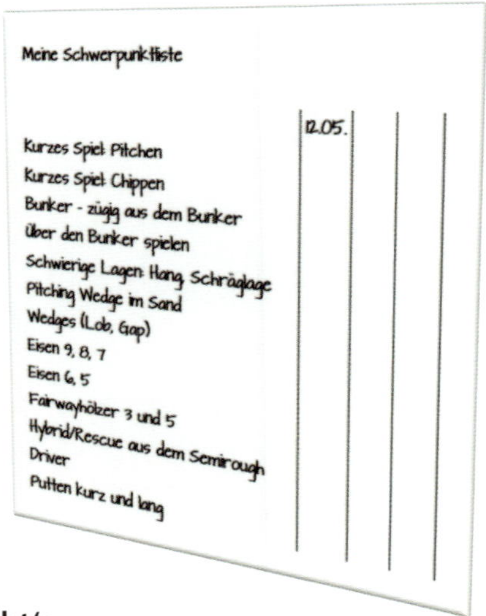
Meine Schwerpunktliste

12.05.

Kurzes Spiel: Pitchen
Kurzes Spiel: Chippen
Bunker - zügig aus dem Bunker
Über den Bunker spielen
Schwierige Lagen: Hang, Schräglage
Pitching Wedge im Sand
Wedges (Lob, Gap)
Eisen 9, 8, 7
Eisen 6, 5
Fairwayhölzer 3 und 5
Hybrid/Rescue aus dem Semirough
Driver
Putten kurz und lang

Und so geht's:

Lege eine Liste mit allen Übungseinheiten an, die dir einfallen:

- **Kurzes Spiel: Pitchen und Chippen**
- **Bunker, Spiel über den Bunker**
- **Hanglage, Schräglage**
- **Eisenschläge**
- **Fairwayhölzer und Driver**
- **Putten, kurze Putts und lange Putts**

Schwerpunkttraining

Plane dein Schwerpunkttraining immer als letzte Einheit ein, nachdem du deine Standardübungen absolviert hast.

Beginn mit dem ersten Training, setze einen Haken, wenn du fertig bist.

Beim nächsten Einspielen oder Üben auf der Range übst du den nächsten Punkt, dann den übernächsten usw.

Wenn du am letzten Punkt angelangt bist, beginne wieder mit dem ersten.

Damit hast du ein variables und äußerst effektives Zusatztraining in deine Übungen eingebaut.

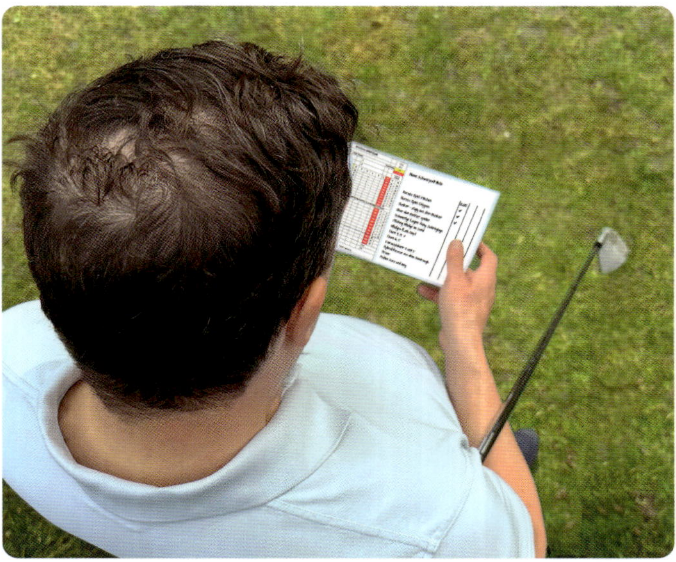

Üben mit Fantasie

Lass deiner Fantasie freien Lauf. Du kannst auf der Driving Range genauso wie auf dem Platz verschiedene Situationen einstudieren, zum Beispiel so:

Stell dich hinter den Ball. Stell dir vor, du spielst ein Par 5 auf dem Platz.

- Der Korridor zwischen den Entfernungsmarken und dem Waldrand ist dein Fairway.
- Nimm für den ersten Schlag den Driver und starte deine **Pre-Shot-Routine**.

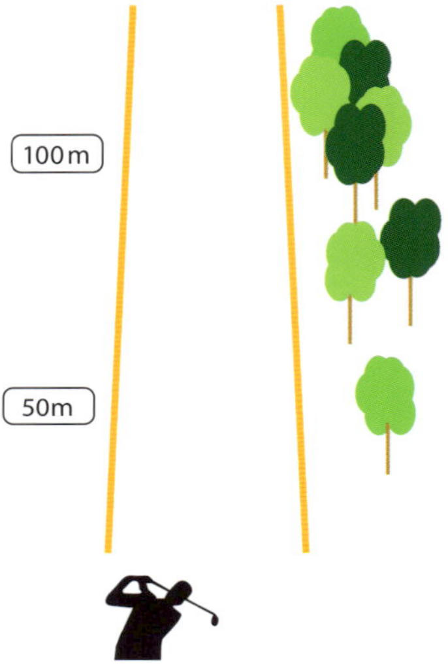

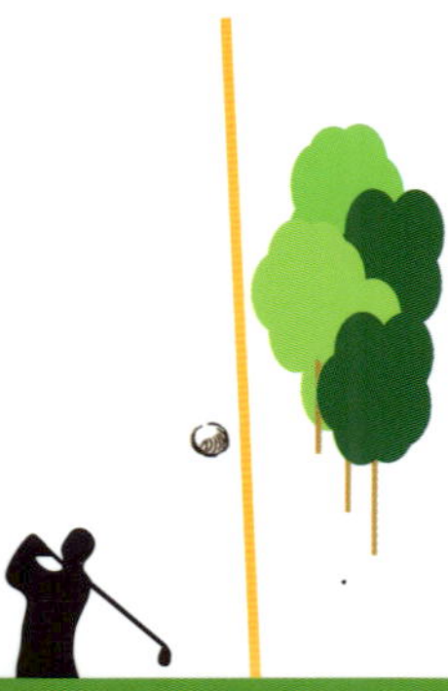

Dein Abschlag landet ziemlich nah am Waldrand.

Mit welchem Schläger spielst du weiter?

Nimm ein 3er-Holz oder ein Rescue-Holz.

Üben mit Fantasie

Jetzt bist du noch 80 m von der Fahne entfernt. Nimm den Schläger, den du für diese Weite hast (z. B. Pitching Wedge).

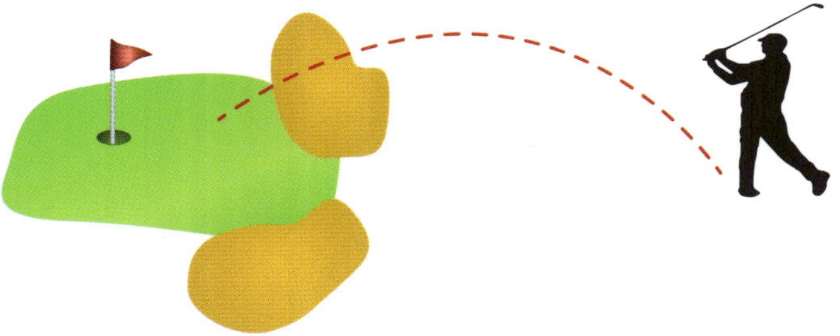

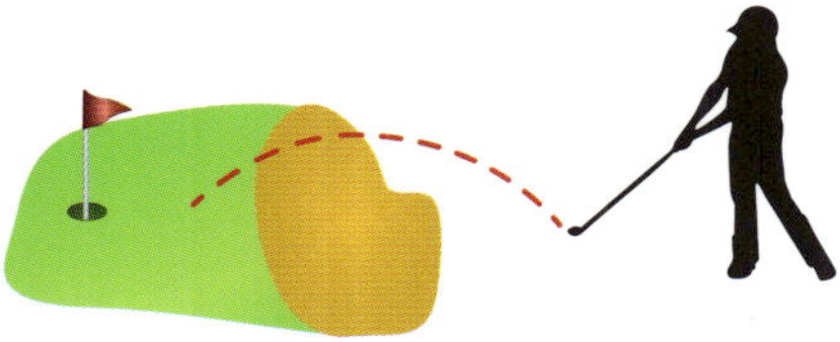

Der Ball bleibt zu kurz, du musst noch mit deinem 60° Wedge einen kurzen Chip über den Bunker machen.

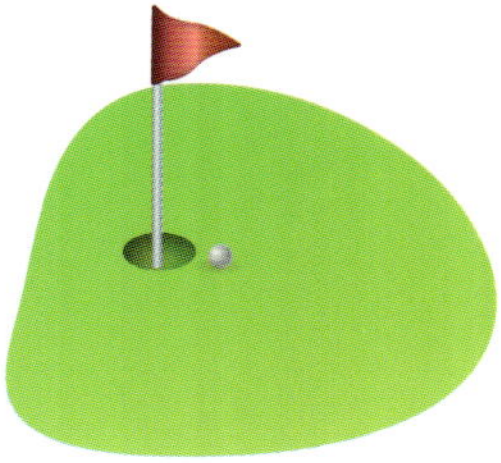

Okay, dein Ball liegt an der Fahne. Gut gespielt!

Üben mit Fantasie macht Spaß und nimmt vor dem Turnier die Angst vor dem ersten Abschlag. Du hast ja schon einige Löcher auf der Range gespielt.

Kleines Golflexikon

Abschlag (Tee) | Der Beginn jeder einzelnen Spielbahn. Der Abschlagbereich liegt innerhalb zweier Schlägerlängen hinter den Abschlagmarkierungen.

Abschlagzeit (Tee Time) | Zeitpunkt, an dem ein Spieler abschlägt. Wird online oder telefonisch reserviert.

Abschwung | Der Abschnitt des Schwungs, bei dem sich der Schlägerkopf vom höchsten Punkt des Rückschwungs wieder in Richtung Ball bewegt.

Albatros | Einen Albatros spielt, wer auf einer Spielbahn drei Schläge unter Par bleibt, also z. B. zwei Schläge auf einer Par-5-Bahn.

Annäherung (Approach) | Schlag aufs Grün, mit dem man sich der Fahne annähert.

Ass | Die Bezeichnung für den Schlag, mit dem der Ball vom Abschlag direkt eingelocht wird (Hole-in-one).

Auslippen | Ein scheinbar schon im Loch befindlicher Ball lippt oft noch aus, wenn der Ball mit zu hoher Geschwindigkeit gespielt wird.

Backspin | Ein durch die Abwärtsbewegung des Schlägers erzeugter Rückwärtsdrall.

Ball im Spiel | Ein Ball ist im Spiel, sobald der Spieler auf dem Abschlag einen Schlag ausgeführt hat. Er bleibt im Spiel, bis er eingelocht ist, es sei denn, er sei verloren, im Aus oder aufgenommen oder durch einen anderen Ball ersetzt worden. Dieser Ball wird dann Ball im Spiel.

Birdie | Ein mit einem Schlag unter Par gespieltes Loch (z. B. drei Schläge für ein Par 4).

Boden in Ausbesserung | Teil des Platzes, blau gekennzeichnet. Ball muss (straffrei) außerhalb weitergespielt werden.

Bogey | Mit einem Schlag über Par gespieltes Loch (z. B. vier Schläge für Par 3).

Break | Abweichungen des rollenden Balls von einer geraden Linie, besonders auf dem Grün.

Brutto | Alle Schläge während einer Runde ohne Abzug des Handicaps.

Chip-in | Ein eingelochter Chip.

Divot | Durch den Schlag herausgetrenntes Rasenstück, muss wieder eingesetzt werden.

Dogleg | Bezeichnung für ein Loch, dessen Spielbahn nach rechts oder links abbiegt.

Doppelbogey | Ergebnis mit zwei Schlägen über Par an einem Loch.

Driving Range | Übungswiese, auf der das Spiel geübt und verbessert werden kann.

Droppen | Einen Ball aus Kniehöhe fallen lassen.

Durchspielen | Das Vorbeispielenlassen (Überholen) eines schnelleren Flights.

Eagle | Ein mit zwei Schlägen unter Par gespieltes Loch.

Ehre | Der Spieler mit dem niedrigsten Score hat die Ehre und muss (kann) als Erster abschlagen.

Erleichterung | Nach bestimmten Regeln darf beim Golfspiel straflos Erleichterung genommen werden, d. h., der Ball kann nach den Regeln straflos in eine bessere Position gebracht werden.

Etikette | Achtung und Respektierung der anderen Golfer auf dem Platz.

Fairway | Die Spielbahn zwischen Abschlag und Grün.

Kleines Golflexikon

Flight | Bezeichnung für die Gruppe von Spielern (2–4), die gemeinsam eine Runde spielen.

Fore! | (engl. für »Achtung!«) Warnruf der Golfer, insbesondere in gefährlichen Situationen oder wenn man um Ruhe bittet.

Greenfee | Die Gebühr für eine Golfrunde.

Greenkeeper | Die wichtigen Personen, die den Platz pflegen, Rasen mähen, Bunker pflegen und die Fahnenpositionen auf den Grüns umstecken.

Grooves | Die Rillen im Schlägerblatt.

Halfway House | Verpflegungsstation zwischen dem neunten und zehnten Loch.

Handicap | Die Vorgabe, über die ein Spieler auf einem Platz verfügt. Ausdruck der jeweiligen Spielstärke. Wird nach erreichten Spielergebnissen ermittelt und im Heimatclub fortgeschrieben.

Head Pro | Wichtigster Professional Golfer in einem Club. Leitet in der Regel die Golfschule.

Hindernisse | Bunker und Wasser.

Hole 19 | Die Bar im Clubhaus, an der die besten Löcher gespielt werden.

Hole-in-one (Ass) | Ist die Bezeichnung dafür, wenn der Ball vom Abschlag direkt eingelocht wird.

Lady | Ein abschlagender Herr kommt mit seinem Abschlag nicht über den Damenabschlag hinaus. Es ist üblich, dass der Spieler dem gesamten Flight nach der Runde ein Getränk ausgibt (in Österreich Dame oder Girlie).

Lie | Der Lie ist der Winkel zwischen Schlägerkopf und Schaft.

Links | Schottischer Küsten-Kurs mit typischen Dünen (Links courses).

Loch | Das Ziel des Golfers auf jeder Golfbahn (Ø 107,9 mm). Als Loch wird auch die gesamte Spielbahn bezeichnet.

Lochwettspiel | Beim Lochspiel wird je Loch entschieden. Ein Loch gewinnt der Spieler, der seinen Ball unter Beachtung der Vorgabe mit weniger Schlägen eingelocht hat.

Loft | Die Schrägstellung der Schlagfläche am Schlägerkopf.

Longest Drive | Wird bei Turnieren oft ausgelobt. Wer auf der von der Turnierleitung vorher bestimmten Spielbahn den längsten Abschlag auf das Fairway bringt, hat den Longest Drive gewonnen.

Marshall | Ein vom Golfclub Beauftragter, der die Spieler beobachtet und während eines Wettbewerbs für Ordnung zu sorgen hat (z. B. wenn Spieler zu langsam sind).

Mulligan | Zweiter (straffreier) Schlag, wenn der erste Abschlag misslungen ist. Nur nach vorheriger Absprache bei Freundschaftsspielen erlaubt.

Nearest to the pin | Spezialwertung an einem Par-3-Loch. Gewinner ist, wer mit dem ersten Schlag am nächsten zur Fahne liegt.

Netto | Das Ergebnis bei einem Golfturnier nach Abzug des Handicaps vom Bruttoergebnis.

Par | (engl. **P**rofessional **A**verage **R**esult). Vorgabe der Anzahl Schläge für eine Spielbahn.

Penalty Area | Mit roten oder gelben Markierungen gekennzeichneter Bereich, aus dem zuzüglich eines Strafschlags besser gelegt werden darf.

Pin | Der Stock, an dem die im Loch steckende Fahne befestigt ist.

Pitch | Kurzer Schlag, hohe Flugkurve, kurzes oder kein Ausrollen.

Pitchgabel | Das Werkzeug, das dazu dient, die Pitchmarken auf dem Grün auszubessern.

Pitchmarke | Kleines Loch oder Delle vom auf das Grün gespielten Ball. Es gehört zur Etikette, sie mit der Pitchgabel zu entfernen.

Platzreife | Erlaubnis, auf einem Golfplatz zu spielen. Prüfung wird vom Pro abgenommen.

Pre-Shot-Routine | Vorbereitung auf einen Schlag.

Pro | Abkürzung für Professional, Golflehrer. Man unterscheidet zwischen Playing Pros und Teaching Pros (weibliche Form: Proette).

Pro-Am | Bezeichnung für ein Wettspiel, bei dem ein Pro mit 2–3 Amateuren in einem Flight spielt.

Pro-Shop | In nahezu jedem Clubhaus findet sich der meistens vom Pro geführte Golf-Shop, in dem man praktisch alle für dieses Spiel notwendigen Utensilien kaufen kann.

Provisorischer Ball | Provisorischer Ball ist ein zweiter Ball, der ins Spiel gebracht wird, wenn der Spieler sich nicht sicher sein kann, ob er seinen Spielball wiederfindet.

Rabbit | Bezeichnung für einen Golfanfänger, der die Spielbahnen wie ein Hase im Zickzackkurs bewältigt.

Rescue | Spezialschläger als Mischung zwischen Holz- und Eisenschläger.

Rote Pfosten | Kennzeichnen eine Penalty Area (seitliches Wasser).

Rough | Alles, was außerhalb der Fairways oder Grüns liegt und nicht Penalty Area ist, ist Rough.

Schlägerkopfgeschwindigkeit (SKG) | Die Geschwindigkeit, mit der der Golfschwung ausgeführt wird. Gemessen wird der Schlägerkopf am Ball.

Score | Das Ergebnis (Anzahl der Schläge), das erspielt wurde und in die Scorekarte (Zählkarte) eingetragen wird.

Semirough | Halbhohes Rough zwischen Fairway und Rough, mindestens 3,5 cm hoch.

Stableford | Wettspielart nach Punkten. Standard bei Golfturnieren.

Strafschlag | Beim Golfen gibt es diverse Spielsituationen, bei denen sich ein Spieler einen Strafschlag zu seinem Score hinzuzurechnen hat.

Sweet spot | Der ideale Auftreffpunkt auf dem Schlägerblatt, der die maximale Übertragung der Schlagkraft gewährleistet.

Tee | 1. Abschlagbereich, 2. Holz- oder Plastikstift für den Abschlag.

Tiger Line | Extrem weiter und riskanter Schlag in direkter Linie.

Toppen | Wenn der Ball beim Schlag nur an der Oberkante getroffen wird und wegspringt.

Triple Bogey | Drei Schläge über Par gespielt.

Weiße Pfähle/Out | Markieren eine Auslinie (Out of Bounds).

Wintergrün | Grün, das vor allem im Winter angespielt wird, um das normale Grün zu schonen.

Yips | Eine mental bedingte innere Sperre, die vor allem beim Putt auftreten kann.

Zählspiel | Spielart, bei der nur die Anzahl Schläge zählt.

Die Flugkurven

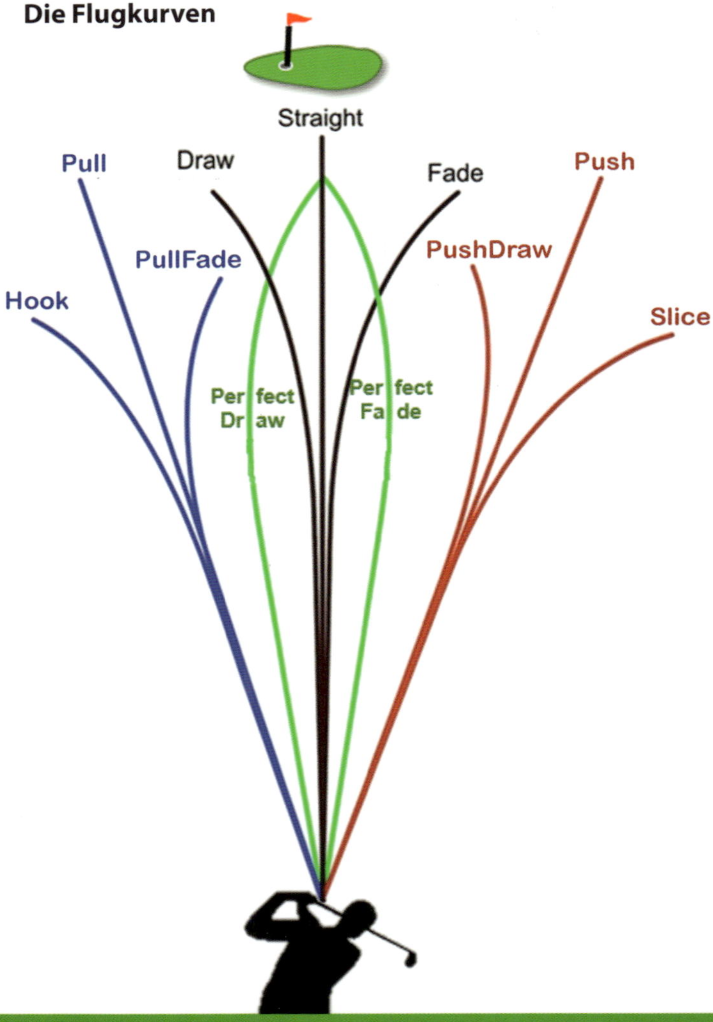